电价精益管理知识

（安徽卷）

国网安徽省电力有限公司　编

合肥工业大学出版社

编 委 会

前　言

　　电价是电能商品的价格，关系广大人民群众的切身利益，电力价格的相关政策也一直是社会各界关注的焦点。近年来，我国电力市场化改革不断深化，体制机制不断完善，市场化程度不断提高，电价管理工作日趋复杂，这些均对从事电价管理工作的相关人员提出了更高要求。

　　为此，我们组织从事电价工作的相关人员，梳理政策，总结经验，编写了《电价精益管理知识（安徽卷）》这本书。本书系统地介绍了我国电价管理的历史沿革，上网、销售、输配电价和政府性基金及各项附加政策，并对当前社会上较为关注的虚拟电厂、储能、绿电交易等新型电力价格机制进行了介绍，也梳理了电价管理实务中涉及的部分电价数据附录表，以便帮助电价管理工作者、广大读者进一步深入了解相关电价知识。

　　本书力求兼顾简明性和实用性，但由于时间仓促和编者水平有限，如有疏漏之处，均以正式文件为准，并恳请广大读者批评指正。

目　录

第一章 电价基础知识概述

第一节 电价概述

电价是电力商品价格的总称，是电力这个特殊商品在电力企业参加市场经济活动、进行交易结算时的货币表现形态，是价值规律的表现形式。它对电力商品的生产、供应和消费等各个环节产生深远影响。

电价实行统一政策、统一定价原则，分级管理。与一般商品价格相比，电价承载的功能更为复杂，除了一般的经济性和社会性要求外，还有较强的政治性和技术性要求。

一、电价职能

电价的职能是指电价内在所具有的功能或作用，不随人们认识能力的改变而变化，一般也不随社会制度和条件的变化而变化，具有客观性。总体来说，电价职能主要有价值反映、效益核算、信息传递及宏观调节四种职能。

价值反映是最基本的一种职能，具有稳定性、普遍性和原始性；

而效益核算、信息传递和宏观调节等职能均是在价值反映职能基础之上建立起来的，从不同的角度深化和延伸了电价的基本职能。电价的四种职能既有相互联系、相互依存的一面，又有相互对立和相互矛盾的一面。电价事关国民经济和社会生活的各个方面，在市场经济条件下，电价对实现资源的优化配置、引导社会生产和能源消费起着重要作用。

二、电价体系

（一）生产经营环节电价

按照电力生产经营的环节，可以把电价分成上网电价、输配电价和销售电价三个部分。

1. 上网电价

上网电价，即发电上网电价，是指发电企业与购电方进行上网电能结算的价格。根据不同的电源结构或者不同类型能源发电的技术和特点，上网电价可以分为煤电上网电价、水电上网电价、风电上网电价、核电上网电价、太阳能上网电价、生物质能上网电价等多种类别。在电力市场化环境下，按照功能分为电能量、容量和辅助服务（发电侧）等价格。

在上网电价市场化改革以前，上网电价一般按照标杆电价确定。国家发展改革委印发《关于进一步深化燃煤发电上网电价市场化改革的通知》（发改价格〔2021〕1439号）之后，燃煤发电电量原则上全部进入电力市场，通过市场交易在"基准价＋上下浮动"范围内形成上网电价。

2. 输配电价

输配电价是指电网经营企业提供接入系统、联网、电能输送和销售服务的价格总称。输配电价按照服务功能可以分为共用网络输配电服务价格、专项服务价格和辅助服务价格。其中，共用网络输配电服务价格指电网经营企业为接入共用网络的电力用户提供输配电和销售服务的价格；专项服务价格是指电网经营企业利用专用设施为特定用户提供服务的价格，分为接入价、专用工程输电价和联网价三类；辅助服务价格是指电力企业提供有偿辅助服务的价格。

3. 销售电价

销售电价是指电网经营企业对终端用户销售电能的价格，有时也称为用户电价。它与一般商品的零售价格内涵接近，是该商品生产、流通与消费过程中所有发生的费用在终端用户间分摊的价格。

按照《国家发展改革委关于第三监管周期省级电网输配电价及有关事项的通知》（发改价格〔2023〕526号），用户用电价格逐步归并为居民生活、农业生产及工商业用电（除执行居民生活和农业生产用电价格以外的用电）三类；尚未实现工商业同价的地方，用户用电价格可分为居民生活、农业生产、大工业、一般工商业用电（除执行居民生活、农业生产和大工业用电价格以外的用电）四类。

（二）计价方式

计价方式主要针对销售电价，是指电费结算的计量模式。目前我国销售电价根据计费依据的不同，主要包括两类：单一制电价和两部制电价。单一制电价即按照用户计费表所计量的电量计收电费，每月应付电费与其设备容量无关。两部制电价分为两部分，即基本电价和电度电价。基本电价反映电力工业企业成本中的容量成本，计算基本电费时以用户设备容量或用户最大需量计算基本电费，用户每月所付的基本电费仅与其容量或最大需量有关，而与其实际使用电量无关；电度电价反映电力工业企业成本中的电能成本，计算电度电费时以用户计费表所计量的电量来计算电费。

（三）电价类别

电价类别指各生产经营环节用于实际交易结算的不同种类的电价。如上网电价按电源可分为火电上网电价、水电上网电价和核电上网电价等。销售电价以目录电价为代表，一般按照用户类别与用电特性的不同，又可以分为多种电价，如高可靠性电价、可中断负荷电价、峰谷电价、丰枯电价和季节性电价等。

三、电力定价机制

根据电价形成机制不同和决定主体不同，电力定价机制可大体分为政府定价和市场定价两类。市场化改革前，主要为政府定价。随着电力市场化改革的不断推进，市场化的电力定价机制逐步成熟。

我国目前的电力定价处于政府定价与市场定价相结合的阶段。居民生活和农业生产用电依然为目录电价，即政府定价方式，有利于规避市场电力供需的变化而引起的电价波动，属于保障类用电。工商业及其他用电的市场化定价程度较高，其中上网侧通过参与电力市场进行交易，实现竞价上网，价格主要由市场决定；输配电价则继续接受政府监管，定期核定。

第二节　电价改革与发展历史沿革

回顾历史，我国电价形成机制承载着各方利益诉求，影响着电力行业发展格局，改革进程难度大、争议多。改革开放 40 多年以来，我国电力工业发展取得了举世瞩目的伟大成就，其中电价改革功不可没。通过充分听取各方意见、反复酝酿解决方案、试点探索、总结推广，我国的电价改革践行"迈小步、不停步"的改革思路，不仅有效化解了当前电价矛盾，也为未来持续深化电力体制改革奠定了基础。相比世界各国，我国的电价改革基本没有走弯路、回头路，以显著低于发达国家的电价提供了接近发达国家的供电保障能力、电力普遍服务水平和清洁电能供给能力。

一、完全管制定价时期（1978—1985 年）

完全管制定价时期的核心是稳定电价、稳定供应。这个时期，我国电力工业发输配售电一体，装备差，可靠性低，缺电严重，发展资金不足。为确保宝贵的电力资源用到国民经济发展的"刀刃"上，电价政策在稳定总体价格水平的基础上，持续推动结构性改革，促进电力使用效率提高；引入国际普遍采用的两部制电价，激励用户提高用电负荷率，扭转了用电效率过低的局面；出台功率因数调整电费办法，促进无功就地补偿；推广具有分时功能的电表，试点峰谷电价、季节电价，促进削峰填谷。通过一系列"组合拳"，我国发用电效率效益均显著提升，有力支撑了改革开放初期经济社会发展。

二、还本付息电价时期（1985—1997 年）

还本付息电价时期的核心是鼓励投资、保障需求。从 20 世纪 80 年代中期起，我国经济高速发展，各地均出现了严重的"发展等电"问题。为调动各方办电积极性，特别是鼓励社会资本投入电力行业，政府放松了上网环节价格管制，引入还本付息电价，核定能够覆盖融资成本、保障协议利润的上网电价、销售电价。还本付息电价政策的实施，充分调动了社会力量办电积极性，地方自筹和利用外资筹集的电力建设资金占比显著提升，促进了电力工业快速发展，缓解了供求矛盾。

三、经营期电价时期（1997—2002 年）

经营期电价时期的核心是避免价格过快上涨，扩大需求。在 1997 年亚洲金融危机爆发后，我国电力供求矛盾有所缓和，为调整电价政策提供了窗口期。上网电价方面，进一步突出投资主体的经营责任，将还本付息电价改为经营期电价，按经营期统筹考虑运营成本、税金与合理利润。销售电价方面，实施了农电"两改一同价"改革，将农网经营成本在城乡用户中共同分摊。也是从这一时期开始，我国电价体系加速向市场化过渡，在"集资办电"基础上，对各种电价政策进行规范管理。

四、标杆电价时期（2002—2014 年）

标杆电价时期的核心是事前定价、鼓励清洁能源发展。2002 年 2 月，国务院下发通知（国发〔2002〕5 号），正式印发《电力体制改革方案》，提出了"厂网分开、主辅分离、输配分开和竞价上网"，将电价划分为上网电价、输电电价和配电电价、终端销售电价。2005 年 3 月，国家发展改革委下发通知（发改价格〔2005〕514 号），颁布《电价改革实施办法》，正式明确了标杆上网电价机制：对于发电企业的上网电价，在竞价上网前，将由政府价格主管部门按照合理补偿成本、合理确定收益和依法计入税金的原则核定，或通过政府招标确定；竞价上网后，上网电价将实行两部制电价，其中容量电价由政府制定、电量电价由市场竞争形成。之后，标杆电价推广到风电、光伏、核电、生物质发电等领域，"一厂一价"历史终结。

五、新一轮电力体制改革时期（2015 年至今）

新一轮电力体制改革时期的核心是输配电价改革和降低用能成本。2015 年 3 月，中共中央国务院印发《关于进一步深化电力体制改革的若干意见》（中发〔2015〕9 号），确定了"三放开、一独立、三强化"的改革基本路径以及"管住中间、放开两头"的体制框架。新一轮电力体制改革至今，电价政策调整主要包括：在上网电价方面，有序放开全部燃煤发电电量上网电价，燃煤发电电量原则上全部进入电力市场，通过市场交易在"基准价＋上下浮动"范围内形成上网电价；现行燃煤发电基准价继续作为新能源发电等价格形成的挂钩基准，扩大市场交易电价上下浮动范围，将燃煤发电市场交易价格浮动范围扩大为上下浮动原则上均不超过 20％，高耗能企业市场交易电价不受上浮 20％限制，电力现货价格不受上浮 20％ 限制。在输配电价改革方面，单独核定输配电价，包括准许收入、准许收益和价内税金三部分，印发输配电定价成本监审办法，省级电网、跨区专项输电工程、区域电网、地方电网和增量配电网的定价办法，科学的输配电价制度体系基本形成。在销售电价方面，积极推进工商业及其他用电的市场化改革，取消以前的目录电价，全部采用市场交易定价模式。

第三节　电力市场相关概念

一、电力市场化交易

电力市场指电能生产者和使用者通过协商、竞价等方式就电能及其相关产品进行交易、确定价格和数量的市场。

电力市场化交易是指发电企业与售电公司或电力大用户之间通过市场化方式进行的电力交易活动的总称。电力市场化交易可分为电力批发交易和电力零售交易。现阶段，电力批发交易是指发电企业、售电公司、电力大用户等市场主体通过双边协商、集中竞争等方式开展的中长期电量交易。电力零售交易是指售电公司与中小型终端电力用户开展的电力交易活动的总称。

目前，参与电力市场化交易的用户为全体工商业用户，包括原执行大工业电价和一般工商业电价用户。居民生活和农业生产用电仍执行目录销售电价政策。

二、电力中长期交易

电力中长期交易是指符合准入条件的发电厂商、电力用户、售电公司和独立辅助服务提供主体等市场主体，通过双边协商、集中交易等市场化方式，开展的多年、年、季、月、周、多日等电力批发交易。电力中长期市场中形成的价格即为电力中长期价格。与电力现货市场相比，中长期交易可以提前锁定价格，有利于稳定预期，有利于安排年度生产经营活动。

按照中长期价格形成方式，可以将电力中长期交易划分为双边协商场外交易、集中竞价交易、滚动撮合交易和挂牌交易。

① 双边协商场外交易是指在电力交易中心之外，电力供需双方自由签订双边合同，双方协商决定成交电力交易数量和价格。

② 集中竞价交易是指由电力交易平台对市场主体申报的电量、电价等信息，按照市场规则统一出清形成价格的过程。

③ 滚动撮合交易是指电力交易平台根据市场主体滚动提交的购电、售电信息，按照时间优先、价格优先的原则撮合成交而形成价格的过程。

④ 挂牌交易是指交易主体在市场挂牌，报价需求包括报价和交易量；其他交易主体愿意交易可以摘牌，先来先得；如果出现同时竞争关系，可以再次竞价，价优者得，如股票交易的主动买卖。

三、电力现货交易

2023 年 9 月，国家发展改革委、国家能源局联合下发通知（发改能源规〔2023〕1217 号），颁布《电力现货市场基本规则（试行）》，主要规范电力现货市场的建设与运营，包括日前、日内和实时电能量交易，以及现货与中长期、电网企业代理购电等方面的统筹衔接，从而构建起"能涨能降"的市场价格机制。

电力现货市场是一个相对于电力中长期市场的概念。根据发改能源规〔2023〕1217 号文对电力现货市场的定义，电力现货市场指符合准入条件的经营主体开展日前、日内和实时电能量交易的市场。电力现货市场通过竞争形成体现时空价值的市场出清价格，并配套开展调频、备用等辅助服务交易。

电力现货交易以日前、日内、实时为周期开展，现货市场运行初期主要采取发电侧分段报量报价、用户侧报量不报价或不报价不报量的形式，由供需双方分别以 15 分钟为时间间隔，申报运行日 96 个时段的发电量价曲线和电力需求曲线，通过场内集中竞争、统一出清的方式，优化计算得到机组开机组合、分时发电出力曲线，并出清运行日 96 个时段的发电侧节点边际电价。

四、电力辅助服务

电力辅助服务是指为维护电力系统的安全稳定运行，保证电能质量，除正常电能生产、输送、使用外，由发电企业、电网经营企业为电力用户提供的服务。电力辅助服务的种类分为有功平衡服务、无功平衡服务和事故应急及恢复服务，具体包括调频、调峰、备用、转动惯量、爬坡、无功调节、黑启动服务等。

2021 年 12 月，国家能源局下发通知（国能发监管规〔2021〕61 号），印发《电力辅助服务管理办法》，明确电力辅助服务的提供方式分为基本电力辅助服务和有偿电力辅助服务。基本电力辅助服务为并网主体义务提供，无需补偿。有偿电力辅助服务可通过固定补偿或市场化方式提供，所提供的电力辅助服务应达到规定标准，鼓励采用竞争方式确定承担电力辅助服务的并网主体，市场化方式包括集中竞价、公开招标（挂牌、拍卖）、双边协商等。

五、容量成本补偿

2022 年 1 月，国家发展改革委、国家能源局印发《关于加快建设全国统一电力市场体系的指导意见》（发改体改〔2022〕118 号），明确要因地制宜建立发电容量成本回收机制，即引导各地区建立市场化的发电容量成本回收机制，探索容量补偿机制、容量市场、稀缺电价等多种方式，保障电源固定成本回收和长期电力供应安全。

2023 年 11 月，国家发展改革委、国家能源局印发《关于建立煤电容量电价机制的通知》（发改价格〔2023〕1501号），明确为适应煤电功能加快转型需要，将现行煤电单一制电价调整为两部制电价。煤电容量定价按照回收煤电机组一定比例固定成本的方式确定，其中用于计算容量电价的煤电机组固定成本实行全国统一标准，为每年每千瓦330元；通过容量电价回收的固定成本比例，综合考虑各地电力系统需要、煤电功能转型情况等因素确定，2024—2025年多数地方为30%左右，部分煤电功能转型较快的地方适当高一些，为50%左右，2026年起将各地通过容量电价回收固定成本的比例提升至不低于50%。各地煤电容量电费纳入系统运行费用，每月由工商业用户按当月用电量比例分摊，由电网企业按月发布、滚动清算。

根据发改体改〔2022〕118号文要求及其他国家容量成本回收方式，容量成本补偿通常有三种方式，即容量补偿机制、容量市场机制和稀缺定价机制。

① 容量补偿机制一般是由政府根据发电容量的造价成本、经营期、收益率、可靠性要求等，直接制定容量补偿标准，以帮助发电企业回收固定成本，补偿费用一般由电力用户分摊。目前智利、阿根廷、秘鲁、西班牙等国家采用该补偿机制。发改价格〔2023〕1501号文中的容量电价回收机制即属于容量补偿机制。

② 容量市场机制相对于容量补偿机制而言，并非由政府确定标准，而是将机组可用装机容量作为交易标的，通过市场化竞争的方式确定具体的补偿标准。目前应用容量市场机制的地区包括美国PJM、美国纽约、英国、法国等。

③ 稀缺定价机制一般指不单独设立固定投资回收机制，在电能量市场中设置极高的价格上限，发电商在供应紧张时段通过短时的极高价格来回收投资成本，一定程度上可以鼓励增加发电容量。目前澳大利亚和美国得州采用该模式，美国得州价格上限为9000美元/兆瓦时，澳大利亚价格上限为13800澳元/兆瓦时。

第二章　上网电价管理与实践

第一节　上网电价体系

一、上网电价概念

上网电价是指电网经营企业购买发电企业的电力和电量，在发电企业接入主网架那一点的计量价格，即发电厂卖给电网经营企业的电力价格。不同能源产生的电能，例如煤电、水电、核电、风电、光伏发电、燃气发电等，上网电价不同。

上网电价内涵丰富，按照发电电源分类，可分为燃煤发电电价、燃气发电电价、水力发电电价、核能发电电价、风力发电电价、太阳能发电电价、生物质发电电价等；按照市场类型分类，可分为电力中长期价格、电力现货价格、电力辅助服务价格、容量成本补偿价格等。

二、上网电价体系的政策演变

2002 年 2 月，国务院印发《电力体制改革方案》，明确建立合理的电价形成机制，将电价划分为上网电价、输电电价、配电电价和终端销售电价。自此，国家正式开启电力市场化改革，对发、输、配、用电价进行明确划分，提出在过渡时期上网电价实行计划控制与市场竞争并存的两部制电价，并最终向实现全面竞价上网的目标努力。

2015 年 3 月，国家正式启动新一轮电力体制改革，《中共中央国务院关于进一步深化电力体制改革的若干意见》（中发〔2015〕9 号）等一系列政策支持性文件等先后颁布，主要内容包括建立市场定价机制，完善市场化交易机制，逐步放开发用电计划，成立电力交易机构和加强电力行业监管等。改革方案中明确指出，在发电侧，小部分电量（公益性用电或没有进入市场交易的发电量）的上网电价仍由政府制定，而大部分市场交易电量由市场竞价或协商等方式确定，这进一步为我国上网电价改革指明了方向。

2017 年 11 月，国家发展改革委印发《关于全面深化价格机制改革的意见》（发改价格〔2017〕1941 号），明确要求加快推进电力市场化交易，完善电力市场交易价格规则，健全煤电价格联动机制；完善可再生能源价格机制，实施风电、光伏等新能源标杆上网电价退坡机制。

2019 年 5 月，按照电力现货市场的交易规则，广东电力现货市场实现全国范围内第一次竞价交易。其中，现货节点边际电价包括系统边际成本和边际阻塞成本，标志着我国上网电价机制正在由社会平均成本定价向边际成本定价转变。电力市场竞争确定上网电价能更好地反映电能价值、传递电力供给和需求信号，有利于实现电力资源的优化配置，能够引导电力企业正确进行电源投资建设。

2019 年 10 月，国家发展改革委印发《关于深化燃煤发电上网电价形成机制改革的指导意见》（发改价格规〔2019〕1658 号），明确了煤电上网电价形成机制改革措施，并对"基准价＋上下浮动"机制的适用规则做了细化。基准价中包含脱硫、脱硝、除尘电价。仍由电网企业保障供应的电量，在执行基准价的基础上，继续执行现行超低排放电价政策；燃煤发电上网电价完全放开由市场形成的，上网电价中包含脱硫、脱硝、除尘电价和超低排放电价。规定基准价按当地现行燃煤发电标杆上网电价确定，浮动范围为上浮不超过 10%、下浮原则上不超过 15%。

2021 年 5 月，国家发展改革委印发《关于"十四五"时期深化价格机制改革行动方案的通知》（发改价格〔2021〕689 号），明确持续深化燃煤发电、燃气发电、水电、核电等上网电价市场化改革，完善风电、光伏发电、抽水蓄能价格形成机制，建立新型储能价格机制。

2021 年 6 月，国家发展改革委印发《关于 2021 年新能源上网电价政策有关事项的通知》（发改价格〔2021〕833 号），明确新备案集中式光伏电站、工商业分布式光伏项目和新核准陆上风电项目等新建项目，中央财政不再补贴，实行平价上网，上网电价按当地燃煤发电基准价执行，可自愿通过参与市场化交易形成上网电价，以更好体现光伏发电、风电的绿色电力价值。

2021 年 10 月，国家发展改革委印发《关于进一步深化燃煤发电上网电价市场化改革的通知》（发改价格〔2021〕1439 号），明确燃煤发电电量原则上全部进入电力市场，通过市场交易在"基准价＋上下浮动"范围内形成上网电价（上下浮动原则上不超过 20%，高耗能企业市场交易电价不受上浮 20% 的限制），推动燃煤发电上网电价市场化改革；推动工商业用户全部进入电力市场，取消工商业目录销售电价；电力现货价格不受上下浮动均不超过 20% 的幅度限制。现行燃煤发电基准价继续作为新能源发电等价格形成的挂钩基准。

第二节　上网电价分类

根据中电联数据显示，截至 2022 年底，全国发电装机容量 25.64 亿千瓦，同比增长 7.8%。其中，火电装机容量 13.32 亿千瓦（占比 52%）；非化石能源发电装机容量 12.32 亿千瓦（占比 48%），包括水电装机容量 4.135 亿千瓦、风电装机容量 3.654 亿千瓦、太阳能发电装机容量 3.926 亿千瓦等。

前文已对电力中长期价格、电力现货价格、电力辅助服务价格和容量成本补偿进行介绍，此处主要按照发电电源分类对上网电价的不同类型进行介绍。

一、燃煤发电电价

（一）燃煤标杆电价

2004 年 4 月，国家发展改革委印发《关于进一步疏导电价矛盾规范电价管理的通知》（发改价格〔2004〕610 号），明确对同一地区新投产的同类机组（按水电、火电、核电、风电等分类），原则上按同一价格水平核定上网电价，从而确立了发电标杆电价制度。同年，我国首次公布了各地的燃煤机组发电统一的上网电价水平，并在以后年度根据发电企业燃煤成本的变化进行适当调整。

2014 年，为鼓励燃煤发电企业进行脱硝、除尘设备改造，促进环境保护，国家在原来标杆电价的基础上增加了脱硝、除尘标准，即2014 年 9 月 1 日前所公布的统调燃煤发电机组标杆电价仅包含基础电价、脱硫电价 2 个部分，以后公布的标杆电价包含基础电价、脱硫电价、脱硝电价、除尘电价 4 个部分。

各省标杆电价水平随历年电价调整进行相应的调整，价格水平也因与当地的资源禀赋等因素相关而有所差异。安徽现行燃煤机组标杆电价为384.40 元/千千瓦时，不同时期安徽燃煤机组标杆电价水平见表2-1所列。

表 2-1　不同时期安徽燃煤机组标杆电价水平　　　单位：元/千千瓦时

序号	时间段	电价	文号
1	2004 年 6 月 15 日—2005 年 4 月 30 日	345.00	皖价服〔2004〕186 号
2	2005 年 5 月 1 日—2006 年 5 月 31 日	369.00	皖价服〔2005〕102 号

（续表）

序号	时间段	电价	文号
3	2006 年 6 月 1 日—2008 年 6 月 30 日	371.00	皖价商〔2006〕191 号
4	2008 年 7 月 1 日—2008 年 8 月 19 日	383.00	皖价商〔2008〕107 号
5	2008 年 8 月 20 日—2011 年 5 月 31 日	398.00	皖价电〔2008〕47 号
6	2011 年 6 月 1 日—2011 年 11 月 30 日	418.00	皖价商〔2011〕93 号
7	2011 年 12 月 1 日—2013 年 9 月 24 日	436.00	皖价商〔2011〕210 号
8	2013 年 9 月 25 日—2014 年 8 月 31 日	421.10	皖价商〔2013〕138 号
9	2014 年 9 月 1 日—2015 年 4 月 19 日	428.40	皖价商〔2014〕115 号
10	2015 年 4 月 20 日—2015 年 12 月 31 日	406.90	皖价商〔2015〕56 号
11	2016 年 1 月 1 日—2017 年 6 月 30 日	369.30	皖价商〔2016〕1 号
12	2017 年 7 月 1 日至今	384.40	皖价商〔2017〕101 号

（二）环保电价

我国电源结构以燃煤火电机组为主，影响燃煤火电机组上网电价的因素主要有煤价、工程造价、年发电利用小时数、机组固定成本、长期贷款利率、折旧率等。不同时期、不同机组的燃料成本占总发电成本的50%～70%。

针对燃煤发电的环境污染及治理问题，我国已实施对燃煤发电机组或新建改造的环保设施实行环保电价加价政策，推出了脱硫电价、脱硝电价、除尘电价和超低排放电价等。

1. 脱硫电价

2007 年 5 月，国家发展改革委、国家环保总局下发通知（发改价格〔2007〕1176 号），印发《燃煤发电机组脱硫电价及脱硫设施运行管理办法（试行）》，明确现有燃煤机组应按照国家要求完成脱硫改造，安装脱硫设施后，其上网电量执行在现行上网电价基础上每千瓦时加价1.5 分钱的脱硫加价政策；新（扩）建燃煤机组必须按照环保规定同步建设脱硫设施，其上网电量执行国家发展改革委公布的燃煤机组脱硫标杆上网电价。电厂使用的煤炭平均含硫量大于 2%或者低于 0.5%的省（区、市），脱硫加价标准可单独制定。

2. 脱硝电价

2011 年 11 月，为了提高燃煤电厂进行脱硝改造的积极性，国家发展改革委出台燃煤发电机组试行脱硝电价政策，对北京、天津、上海、福建等 14 个省（区、市）的符合国家政策要求的燃煤发电机组，上网电价在现行基础上加价 0.8 分/千瓦时，用于补偿企业脱硝成本。

2012 年 12 月，国家发展改革委印发《关于扩大脱硝电价政策试点范围有关问题的通知》（发改价格〔2012〕4095 号），规定自 2013 年 1 月 1 日起，将脱硝电价试点范围由首批 14 个省（区、市）部分燃煤发电机组扩大为全国所有燃煤发电机组，脱硝电价标准为 0.8 分/千瓦时。

2013 年 8 月，国家发展改革委印发《关于调整可再生能源电价附加标准与环保电价有关事项的通知》（发改价格〔2013〕1651 号），明确自 2013 年 9 月 25 日起，将燃煤发电企业脱硝电价补偿标准由 0.8 分/千瓦时提高至 1 分/千瓦时。

3. 除尘电价

根据发改价格〔2013〕1651 号规定，自 2013 年 9 月 25 日起，对采用新技术进行除尘设施改造、烟尘排放浓度低于 30 毫克/立方米（重点地区低于 20 毫克/立方米），并经环保部门验收合格的燃煤发电企业除尘成本予以适当支持，电价补偿标准为 0.2 分/千瓦时。

4. 超低排放电价

超低排放是指燃煤发电机组大气污染物排放浓度基本符合燃气机组排放限值，即在基准含氧量 6%条件下，烟尘、二氧化硫、氮氧化物排放浓度分别不高于 10 毫克/标准立方米、35 毫克/标准立方米、50 毫克/标准立方米。

2015 年 12 月，国家发展改革委、环境保护部、国家能源局印发《关于实行燃煤电厂超低排放电价支持政策有关问题的通知》（发改价格〔2015〕2835 号），明确对经所在地省级环保部门验收合格并符合超低限值要求的燃煤发电企业给予适当的上网电价支持。其中，2016 年 1 月 1 日前已经并网运行的现役机组，对其统购上网电量每千瓦时加价 1 分；2016 年 1 月 1 日后并网运行的新建机组，对其统购上网电量每千瓦时加价 0.5 分。

（三）煤电联动

煤电价格联动机制是政府通过调整煤电标杆电价和用户销售电价，向终端用户疏导燃煤发电成本的一类制度安排。

2004 年 12 月，针对宏观经济迅速增长下持续上涨的煤炭价格，国家发展改革委印发《关于建立煤电价格联动机制的意见的通知》（发改价格〔2004〕2909 号），明确建立上网电价与煤炭价格联动机制，为促进电力企业降低成本、提高效率，电力企业要消化 30% 的煤价上涨因素；上网电价调整后，按照电网经营企业输配电价保持相对稳定的原则，相应调整电网企业对用户的销售电价。各类用户的销售电价中，居民电价、农业电价、中小化肥电价保持相对稳定，一年最多调整一次，调整居民用电价格应依法召开听证会；其他用户电价随上网电价变化相应调整。原则上以不少于 6 个月为一个煤电价格联动周期。若周期内平均煤价比前一周期变化幅度达到或超过 5%，相应调整电价；如变化幅度不到 5%，则下一周期累计计算，直到累计变化幅度达到或超过 5%，再进行电价调整。

2012 年 12 月，国务院办公厅印发《关于深化电煤市场化改革的指导意见》（国办发〔2012〕57 号），明确当电煤价格波动幅度超过 5% 时，以年度为周期，相应调整上网电价，同时将电力企业消纳煤价波动的比例由 30% 调整为 10%。

2015 年 12 月，国家发展改革委印发《关于完善煤电价格联动机制有关事项的通知》（发改价格〔2015〕3169 号），明确以中国电煤价格指数 2014 年各省（价区）平均价格作为基准煤价，设立煤价波动启动点（每吨 30 元）和熔断点（每吨 150 元），两点之间实行分档累退联动。

煤电上网电价从 2004 年开始执行标杆上网电价，其间根据煤电联动机制共调整了 9 次。直到 2020 年 1 月 1 日前，燃煤发电上网电价与煤炭价格联动一直以电煤综合出矿价格（车板价）为基础，实行煤电价格联动。2019 年 10 月，国家发展改革委印发《关于深化燃煤发电上网电价形成机制改革的指导意见》（发改价格规〔2019〕1658 号），明确从 2020 年 1 月 1 日起，燃煤发电标杆上网电价机制将被改为"基准价＋上下浮动"的市场化价格机制，煤电联动机制至此结束。

（四）市场化定价机制

发改价格规〔2019〕1658 号明确了煤电上网电价形成机制改革措施，并对"基准价＋上下浮动"机制的适用规则做了细化。基准价按当地现行燃煤发电标杆上网电价确定，浮动幅度范围为上浮不超过 10％、下浮原则上不超过 15％，对电力交易中心依照电力体制改革方案开展的现货交易，可不受此限制。执行"基准价＋上下浮动"价格机制的燃煤发电电量，基准价中包含脱硫、脱硝、除尘电价。仍由电网企业保障供应的电量，在执行基准价的基础上，继续执行现行超低排放电价政策。燃煤发电上网电价完全放开由市场形成的，上网电价中包含脱硫、脱硝、除尘电价和超低排放电价。

2021 年 10 月，国家发展改革委印发《关于进一步深化燃煤发电上网电价市场化改革的通知》（发改价格〔2021〕1439 号），明确有序放开全部燃煤发电电量上网电价，扩大市场交易电价上下浮动范围，原则上均不超过 20％，但高耗能企业市场交易电价不受上浮 20％限制。电力现货价格不受浮动幅度限制。

二、调试运行期电价

2009 年 10 月，国家发展和改革委员会、国家电力监管委员会、国家能源局印发《关于规范电能交易价格管理等有关问题的通知》（发改价格〔2009〕2474 号），明确发电机组进入商业运营前，其调试运行期上网电价按照当地燃煤发电机组脱硫标杆上网电价的一定比例执行。其中，水电按照 50% 执行，火电、核电按照 80% 执行。发电企业启动调试阶段或由于自身原因停运向电网购买电量时，其价格执行当地目录电价表中的大工业类电度电价标准。

2020 年 11 月，国家能源局华东监管局修订印发《华东区域并网发电厂辅助服务管理实施细则》，明确有偿辅助服务补偿所需费用扣除新建发电机组调试运行期差额资金的 50% 后，不足部分由发电厂按当月上网电费（或者租赁费）的比例分摊；若新建机组调试运行期差额资金的 50% 超过当期有偿辅助服务补偿所需费用，则剩余资金滚动进入下月有偿辅助服务补偿费用分摊计算。

2011 年 10 月，国家能源局下发通知（电监市场〔2011〕32 号），印发《发电机组进入及退出商业运营管理办法》，明确新建发电机组调试运行期差额资金的 50% 纳入并网发电厂辅助服务补偿资金，其余计入电网企业收入。新建发电机组调试运行期差额资金 =（政府价格主管部门制定的上网电价 - 调试电价）× 调试运行期上网电量。

2023 年 6 月，国家能源局下发通知（国能发监管规〔2023〕48 号），印发修订后的《发电机组进入及退出商业运营办法》，明确发电机组和独立新型储能调试运行期上网电量，由电网企业收购，纳入代理购电电量来源。发电机组和独立新型储能调试运行期上网电量，按照当地同类型机组当月代理购电市场化采购平均价结算；同类型机组当月未形成代理购电市场化采购电量的，按照最近一次同类型机组月度代理购电市场化采购平均价结算。

三、气电上网电价

气电上网电价是指燃气发电上网的交易价格。目前，天然气发电具体电价水平主要由各地省级价格主管部门综合考虑天然气发电成本、社会效益和用户承受能力确定，多按机组类型或者一机一价确定价格。也有部分省（区、市）建立两部制电价以及气、电价格联动机制，并鼓励气电参与电力市场交易形成上网电价。

2014 年 12 月，国家发展改革委印发《关于规范天然气发电上网电价管理有关问题的通知》（发改价格〔2014〕3009 号），明确新投产天然气热电联产发电机组上网实行标杆电价，天然气发电具体电价水平由省级价格主管部门综合考虑天然气发电成本、社会效益和用户承受能力确定；具备条件的地区，气电上网电价可以通过市场竞争或电力用户协商确定；建立气、电价格联动机制的，最高电价不得超过当地燃煤发电上网标杆电价或当地电网企业平均购电价格每千瓦时 0.35 元。

四、核电上网电价

核电上网电价是指核能发电上网的交易价格，分为"一厂一价"和标杆电价两类。

2013 年之前，我国核电上网电价采用"一厂一价"的定价政策，定价决策权在国家发展改革委。

2013 年 6 月，国家发展改革委印发《关于完善核电上网电价机制有关问题的通知》（发改价格〔2013〕1130 号），明确 2013 年 1 月 1 日以后新建核电机组实行标杆上网电价政策，全国核电标杆上网电价为 0.43 元/千瓦时。若核电标杆上网电价高于核电机组所在地燃煤机组标杆上网电价，执行当地燃煤机组标杆上网电价；若核电标杆上网电价低于核电机组所在地燃煤机组标杆上网电价，承担核电技术引进等任务的首台或首批核电机组或者示范工程，其上网电价可适当提高。

2019 年 3 月，国家发展改革委印发《关于三代核电首批项目试行上网电价的通知》（发改价格〔2019〕535 号），对首批三代核电项目试行上网电价进行批复，广东台山一期核电项目试行价格按照每千瓦时 0.4350 元执行，浙江三门一期核电项目试行价格按照每千瓦时 0.4203 元执行，山东海阳一期核电项目试行价格按照每千瓦时 0.4151 元执行，试行价格从项目投产之日起至 2021 年底止；设计利用小时以内的电量按照政府定价执行，以外的电量按照市场价格执行。

五、水电上网电价

水电上网电价是指水力发电上网的交易价格。水电上网电价主要有3种模式，按照"还本付息电价"或"经营期电价"制定的独立电价、省内执行的标杆电价、跨省跨区送电的协商电价。

2004年以前，水电上网电价以还本付息和经营期定价的"一厂一价"方式为主。

2004年6月，国家发展改革委印发《关于进一步疏导电价矛盾规范电价管理的通知》（发改价格〔2004〕610号），明确对同一地区新投产的同类机组（按水电、火电、核电、风电等分类），原则上按同一价格水平核定上网电价。

2014年1月，国家发展改革委印发《关于完善水电上网电价形成机制的通知》（发改价格〔2014〕61号）明确，省内2014年2月1日以后新投产水电站上网电价实行标杆电价制度；水电比重较大的省，可在水电标杆上网电价基础上，实行丰枯分时电价或者分类标杆电价；个别情况特殊的水电站上网电价个别处理；建立水电价格动态调整机制；鼓励通过竞争方式确定水电价格。

六、可再生能源电价补贴机制

依据2006年《中华人民共和国可再生能源法》，财政部、国家发展改革委、国家能源局等主管部委印发了一系列可再生能源补贴管理规范性文件，形成了覆盖上网电价、基金征收、补贴目录、补贴支付等事项的完备的政策体系。

（一）可再生能源补贴资金来源

自2006年起开征可再生能源电价附加，由电网运营企业按照国家发展改革委确定的征收标准向电力用户随售电量收取。2006—2015年，征收标准由每千瓦时 0.1 分，历经 5 次调整，逐步上涨至每千瓦时 1.9 分，并沿用至今。

2007 年 1 月，国家发展改革委下发通知（发改价格〔2007〕44 号），印发《可再生能源电价附加收入调配暂行办法》，明确可再生能源电价附加由省级电网企业收取并归集，专款专用。

2011 年 11 月，财政部、国家发展改革委和国家能源局联合下文（财综〔2011〕115 号），印发《可再生能源发展基金征收使用管理暂行办法》，将可再生能源电价附加以及可再生能源发展专项资金等共同纳入可再生能源发展基金。可再生能源电价附加的征集方式变更为由电网运营企业代征，由财政部驻各地财政监察专员办按月向电网运营企业征收，实行直接缴库，收入全额上缴中央国库。

2023 年 2 月，国家发展改革委、财政部、国家能源局印发《关于享受中央政府补贴的绿电项目参与绿电交易有关事项的通知》（发改体改〔2023〕75 号），提出要扩大绿电参与市场规模，在推动平价可再生能源项目全部参与绿电交易的基础上，稳步推进享受国家可再生能源补贴的绿电项目参与绿电交易；明确电网可以将按照政策法规要求保障性收购并享受国家可再生能源补贴的绿色电力，加入绿电、绿证市场交易；带补贴项目参与绿电交易时高于项目所执行的煤电基准电价的溢价收益等额冲抵国家可再生能源补贴或归国家所有；发电企业放弃补贴的，参与绿电交易的全部收益归发电企业所有。

（二）补贴目录管理政策

2012 年 3 月，财政部、国家发展改革委和国家能源局联合下文（财建〔2012〕102 号），印发《可再生能源电价附加补助资金管理暂行办法》，明确将符合条件的项目列入可再生能源电价附加资金补助目录，标志着可再生能源发展正式进入申请补助目录时代。自 2012 年至 2019 年，国家先后印发了 7 批包含生物质发电项目的可再生能源电价附加资金补助目录。2018 年至 2020 年，国家先后对光伏扶贫项目印发了 4 批补贴目录。

2020 年 1 月，财政部、国家发展改革委和国家能源局联合下文（财建〔2020〕4 号），印发《关于促进非水可再生能源发电健康发展的若干意见》，提出简化目录制管理。国家不再印发可再生能源电价附加目录，所有可再生能源项目通过国家可再生能源信息管理平台填报电价附加申请信息，电网企业根据财政部等部门确定的原则，依照项目类型、并网时间、技术水平等条件，确定并定期向全社会公开符合补助条件的可再生能源发电项目清单，并将清单审核情况报财政部、国家发展改革委、国家能源局。

（三）补贴资金拨付政策

财建〔2020〕4 号文提出补贴资金按年度拨付，由财政部根据年度可再生能源电价附加收入预算和补助资金申请情况，将补助资金拨付到国家电网有限公司、中国南方电网有限责任公司和省级财政部门，电网企业根据补助资金收支情况，按照相关部门确定的优先顺序兑付补助资金，光伏扶贫、自然人分布式、参与绿色电力证书交易、自愿转为平价项目等项目可优先拨付资金。

2020 年 1 月，财政部、国家发展改革委、国家能源局下文（财建〔2020〕5 号），印发《可再生能源电价附加资金管理办法》，明确了补贴请款、补贴拨付等流程，规定补贴资金优先保障光伏扶贫、自然分布式、参与绿色电力证书交易等项目，剩余资金按等需求比例拨付至其他项目。

（四）全生命周期合理利用小时数

财建〔2020〕4 号要求，按合理利用小时数核定可再生能源发电项目中央财政补贴资金额度。

全生命周期合理利用小时数，即一个项目在 20 年（生物质发电为 15 年）内总共可享受补贴的发电小时数。这 20 年的补贴期是计算全生命周期合理利用小时数的理论最高年限。总补贴额和 20 年期限两者当中，先到即止。

2020 年 9 月，财政部、国家发展改革委、国家能源局联合印发《关于〈关于促进非水可再生能源发电健康发展的若干意见〉有关事项的补充通知》（财建〔2020〕426 号），对项目合理利用小时数、项目补贴电量、补贴标准进行了进一步明确。具体如下：

1. 项目合理利用小时数

风电一类、二类、三类、四类资源区项目全生命周期合理利用小时数分别为 48000 小时、44000 小时、40000 小时和 36000 小时。海上风电全生命周期合理利用小时数为 52000 小时。

光伏发电一类、二类、三类资源区项目全生命周期合理利用小时数为 32000 小时、26000 小时和 22000 小时。国家确定的光伏领跑者基地项目和 2019、2020 年竞价项目全生命周期合理利用小时数在所在资源区小时数基础上增加 10%。

生物质发电项目，包括农林生物质发电、垃圾焚烧发电和沼气发电项目，全生命周期合理利用小时数为 82500 小时。

2. 项目补贴电量

项目全生命周期补贴电量＝项目容量×项目全生命周期合理利用小时数。其中，项目容量以核准（备案）时确定的容量为准。如项目实际容量小于核准（备案）容量的，以实际容量为准。

3. 补贴标准

按照财建〔2020〕5 号文规定，纳入可再生能源发电补贴清单范围的项目，全生命周期补贴电量内所发电量，按照上网电价给予补贴，补贴标准＝（电网企业收购价格－燃煤发电上网基准价）/（1＋适用增值税率）。

在未超过项目全生命周期合理利用小时数时，按可再生能源发电项目当年实际发电量给予补贴。

按照财建〔2020〕5 号文规定，纳入可再生能源发电补贴清单范围的项目，所发电量超过全生命周期补贴电量部分，不再享受中央财政补贴资金，核发绿证准许参与绿证交易。

按照财建〔2020〕5 号文规定，纳入可再生能源发电补贴清单范围的项目，风电、光伏发电项目自并网之日起满 20 年后，生物质发电项目自并网之日起满 15 年后，无论项目是否达到全生命周期补贴电量，不再享受中央财政补贴资金，核发绿证准许参与绿证交易。

（五）可再生能源补贴退坡机制

从整体上看，我国可再生能源采用政府核价、招标竞价等多种方式，并结合技术进步持续退坡。陆上风电分 4 类资源区定价，标杆电价（I 类资源区）从 2009 年的每千瓦时 0.51 元陆续降低至 2020 年的 0.29 元，自 2021 年起全面取消中央财政补贴。光伏电站分类资源区定价，标杆电价（I 类资源区）从 2011 年的每千瓦时 1.15 元陆续降低至 2020 年的 0.35 元，自 2021 年起基本全面实现平价上网（户用分布式光伏尚有 3 分钱的度电补贴）。生物质发电包括农林生物质、垃圾焚烧发电等类别，分别执行全国统一标杆电价 0.75 元、0.65 元，自 2020 年起新开工项目改为竞争配置、申报电价需低于标杆电价。

2020 年 6 月，国家发展改革委印发《关于 2021 年新能源上网电价政策有关事项的通知》（发改价格〔2021〕833 号），指出自 2021 年起，对新备案集中式光伏电站、工商业分布式光伏项目和新核准陆上风电项目（以下简称"新建项目"），中央财政不再补贴，实行平价上网。2021 年新建项目上网电价，按当地燃煤发电基准价执行；新建项目可自愿通过参与市场化交易形成上网电价，以更好体现光伏发电、风电的绿色电力价值。2021 年起，新核准（备案）海上风电项目、光热发电项目上网电价由当地省级价格主管部门制定，具备条件的可通过竞争性配置方式形成，上网电价高于当地燃煤发电基准价的，基准价以内的部分由电网企业结算。

2022 年 1 月，国家发展改革委、国家能源局印发《关于加快建设全国统一电力市场体系的指导意见》（发改体改〔2022〕118号），明确到2030年，全国统一电力市场体系基本建成，国家市场与省（区、市）/区域市场联合运行，新能源全面参与市场交易。

七、风电上网电价及补贴

风电上网电价是指风力发电上网的交易价格，可分为陆上风电和海上风电两类价格，经历了标杆电价、指导价、平价上网3个阶段。因不同资源区价格政策不同，下述政策沿革部分多以Ⅳ类资源区为例进行介绍。

（一）标杆电价阶段

2009年7月，国家发展改革委印发《关于完善风力发电上网电价政策的通知》（发改价格〔2009〕1906号），明确按照风能资源状况和工程建设条件，把全国分为4类资源区，并核定了对应的标杆上网电价，其中Ⅳ类资源区陆上风电标杆电价0.61元/千瓦时。同时规定风电上网电价在当地脱硫燃煤机组标杆上网电价以内的部分，由当地省级电网负担；高出部分，通过全国征收的可再生能源电价附加分摊解决。

2014年6月，国家发展改革委印发《关于海上风电上网电价政策的通知》（发改价格〔2014〕1216号），明确2017年以前（不含2017年）投运的近海风电项目上网电价为每千瓦时0.85元，潮间带风电项目上网电价为每千瓦时0.75元。

2014年12月，国家发展改革委印发《关于适当调整陆上风电标杆上网电价的通知》（发改价格〔2014〕3008号），明确2015年1月1日以后核准的陆上风电项目，以及2015年1月1日前核准但于2016年1月1日以后投运的陆上风电项目，第Ⅰ、Ⅱ、Ⅲ类资源区标杆上网电价每千瓦时下调0.02元。

2015年12月，国家发展改革委印发《关于完善陆上风电光伏发电上网标杆电价政策的通知》（发改价格〔2015〕3044号），对4类资源区 2016 年和 2018 年陆上风电标杆电价进行明确。其中，Ⅳ类资源区 2016 年标杆电价为 0.60 元/千瓦时，适用范围为 2016 年 1 月 1 日以后核准，以及 2016 年以前核准但于 2017 年底前仍未开工建设的项目；2018 年标杆电价为 0.58 元/千瓦时。

2016 年 12 月，国家发展改革委印发《关于调整光伏发电陆上风电标杆上网电价的通知》（发改价格〔2016〕2729 号），要求降低 2017 年 1 月 1 日之后新建光伏发电和 2018 年 1 月 1 日之后新核准建设的陆上风电标杆上网电价。其中，Ⅳ类资源区陆上风电 2018 年标杆电价进一步降至0.57 元/千瓦时，适用范围为 2018 年 1 月 1 日以后核准并纳入财政补贴年度规模管理的、2018 年以前核准并纳入以前年份财政补贴规模管理但于 2019 年底前仍未开工建设的，以及 2018 年以前核准但纳入 2018 年 1 月 1 日以后财政补贴年度规模管理的项目。

（二）指导价及平价阶段

根据国家能源局印发的《关于 2018 年度风电建设管理有关要求的通知》（国能发新能〔2018〕47 号），从 2019 年起，新增核准的集中式陆上风电项目和海上风电项目应全部通过竞争方式配置和确定上网电价。

2019 年 5 月，国家发展改革委印发《关于完善风电上网电价政策的通知》（发改价格〔2019〕882 号），提出陆上风电标杆上网电价改为指导价，Ⅳ类资源区陆上风电 2019 年指导价为 0.52 元/千瓦时，适用范围为 2019 年符合规划、纳入财政补贴年度管理的新核准项目；2020 年指导价为 0.47 元/千瓦时，适用范围为 2020 年符合规划、纳入财政补贴年度管理的新核准项目。同时，要求对风电上网电价政策进行收口：2018 年底前核准、2020 年底前仍未完成并网的，国家不再补贴；2019—2020 年核准、2021 年底前仍未完成并网的，国家不再补贴；2021 年 1 月 1 日起新核准的项目，全面实现平价上网，国家不再补贴。风电上网电价见表 2-2 所列。

表 2-2　风电上网电价　　　　　单位：元/千瓦时

政策文件	时间	陆上风电				海上风电	
		Ⅰ类	Ⅱ类	Ⅲ类	Ⅳ类	近海	潮间带
发改价格〔2009〕1906号	2009年8月—2014年12月	0.51	0.54	0.58	0.61	未涉及	
发改价格〔2014〕3008号	2015年1月—2015年12月	0.49	0.52	0.56	0.61		
发改价格〔2014〕1216号	2014年6月—2016年12月					0.85	0.75
发改价格〔2015〕3044号	2016年1月—2017年12月	0.47	0.50	0.54	0.60		
发改价格〔2016〕2729号	2018年1月—2019年6月	0.40	0.45	0.49	0.57		
发改价格〔2019〕882号	2019年7月—2019年12月	0.34	0.39	0.43	0.52	0.8	不得高于陆上指导价
	2020年1月—2020年12月	0.29	0.34	0.38	0.47	0.75	
	2021年1月至今	国家不再补贴					
财建〔2020〕4号	2022年1月至今					不再纳入中央补贴范围	

（三）风电补贴政策

随着风电价格政策的不断完善，政府在风电项目的补贴小时数、补贴年限和补贴标准等方面都做出了明确的规定。为减少风电行业对国家补贴的依赖，优先发展补贴强度低、退坡力度大、技术水平高的项目，政府逐步实施风电竞价机制。目前，我国风电行业同时存在参与竞争方式配置以享受国家补贴与无补贴平价上网两种模式。

2011年和2012年，财政部会同国家发展改革委、国家能源局颁发《可再生能源发展基金征收使用管理暂行办法》及《可再生能源电价附加补助资金管理暂行办法》，规定风电项目的电价补贴按照文件进行申请与享受。其中，风电项目补贴＝（风电上网电价－当地省级电网脱硫燃煤机组标杆电价）×风电上网电量。

2020 年 1 月，财政部、国家发展改革委与国家能源局联合印发《可再生能源电价附加资金管理办法》，基于火电电价机制转轨，将"燃煤标杆上网电价"修改为"燃煤发电上网基准价"，电网企业按照上网电价（含通过招标等竞争方式确定的）和风力发电量给予补助的，风电项目补贴＝（电网企业收购价格－燃煤发电上网基准价）／（1＋适用增值税率）×风力发电量。

2020 年 9 月，财政部同有关部门联合印发《关于〈关于促进非水可再生能源发电健康发展的若干意见〉有关事项的补充通知》（财建〔2020〕426 号），明确风电项目补贴的"全生命周期合理利用小时数"和补贴年限。

八、太阳能发电上网电价及补贴

太阳能发电上网电价是指光伏发电和光热发电上网的交易价格。其中，光伏发电上网电价可分为集中式光伏电站上网电价和分布式光伏电站上网电价。

集中式光伏电站上网电价主要经历了标杆电价、指导价、平价上网 3 个阶段。2011 年明确对非招标光伏发电项目实行全国统一的标杆上网电价；2013 年首次按照 3 个资源区确定光伏电站标杆电价，并在 2015—2018 年 4 次退坡；2019 年集中式光伏电站标杆电价改为指导价，2019—2020 年继续 2 次退坡，2021 年起新备案集中式光伏电站实行平价上网，中央财政不再补贴。

分布式光伏电站上网电价主要采用度电补贴方式。按照国家发展改革委《关于发挥价格杠杆作用促进光伏产业健康发展的通知》（发改价格〔2013〕1638 号）规定，国家开始对分布式光伏发电进行全电量补贴每千瓦时 0.42 元。2018 年初，对"自发自用、余量上网"模式按全电量补贴，补贴标准退坡至每千瓦时 0.37 元，"全额上网"模式执行所在资源区光伏电站价格；2018 年中，补贴标准继续退坡至每千瓦时 0.32 元；2019 年起区分工商业项目和户用项目，2019—2020 年继续 2 次退坡；2021 年 8 月起，新备案工商业分布式光伏实行平价上网，中央财政不再补贴。

光热发电上网电价按照《关于太阳能热发电标杆上网电价政策的通知》（发改价格〔2016〕1881 号）规定，核定全国统一标杆上网电价为每千瓦时 1.15 元。2021 年 12 月 31 日后新增光热发电项目不再纳入中央财政补贴范围。

太阳能发电上网电价及补贴政策更迭频繁，自 2011 年起直到 2021 年进入平价上网时代，先后下发了多份关键文件，具体政策沿革如下：

2011 年 7 月，国家发展改革委印发《关于完善太阳能光伏发电上网电价政策的通知》（发改价格〔2011〕1594 号），建立了光伏发电标杆上网电价，明确高于当地脱硫燃煤机组标杆上网电价部分，通过征收可再生能源电价附加解决，并指出 2011 年 7 月 1 日以前核准建设、2011 年 12 月 31 日建成投产、国家发展改革委尚未核定价格的太阳能光伏发电项目，上网电价统一核定为每千瓦时 1.15 元；2011 年 7 月 1 日及以后核准的太阳能光伏发电项目，以及 2011 年 7 月 1 日之前核准但截至 2011 年 12 月 31 日仍未建成投产的太阳能光伏发电项目，除西藏仍执行每千瓦时 1.15 元的上网电价外，其余省（区、市）上网电价均按每千瓦时 1 元执行。

2013 年 8 月，国家发展改革委印发《关于发挥价格杠杆作用促进光伏产业健康发展的通知》（发改价格〔2013〕1638 号），将全国分为 3 类太阳能资源区，相应制定光伏电站标杆上网电价，Ⅰ类资源区光伏电站 2013 年标杆电价为 0.9 元/千瓦时，Ⅱ类资源区标杆电价为 0.95 元/千瓦时，Ⅲ类资源区标杆电价为 1 元/千瓦时；分布式光伏发电实行按照全电量补贴的政策，电价补贴标准为每千瓦时 0.42 元。适用范围为 2013 年 9 月 1 日后备案（核准），以及 2013 年 9 月 1 日前备案（核准）但于 2014 年 1 月 1 日及以后投运的光伏电站项目。

2015 年 12 月，国家发展改革委印发《关于完善陆上风电光伏发电上网标杆电价政策的通知》（发改价格〔2015〕3044 号），明确 Ⅰ 类资源区光伏电站 2016 年标杆电价为 0.8 元/千瓦时，Ⅱ 类资源区为 0.88 元/千瓦时，Ⅲ 类资源区为 0.98 元/千瓦时。适用范围为 2016 年 1 月 1 日以后备案并纳入年度规模管理，以及 2016 年以前备案并纳入年度规模管理且 2016 年 6 月 30 日之前仍未全部投运的项目。

2016 年 12 月，国家发展改革委印发《关于调整光伏发电陆上风电标杆上网电价的通知》（发改价格〔2016〕2729 号），明确降低光伏发电上网电价，Ⅰ 类资源区光伏电站 2017 年标杆电价为 0.65 元/千瓦时，Ⅱ 类资源区为 0.75 元/千瓦时，Ⅲ 类资源区为 0.85 元/千瓦时。适用范围为 2017 年 1 月 1 日以后纳入补贴年度规模管理的光伏发电项目，以及 2017 年以前备案并纳入年度规模管理且 2017 年 6 月 30 日之前仍未全部投运的项目。

2017 年 12 月，国家发展改革委印发《关于 2018 年光伏发电项目价格政策的通知》（发改价格规〔2017〕2196 号），明确降低 2018 年 1 月 1 日之后投运的光伏电站标杆上网电价，Ⅰ 类资源区光伏电站 2018 年标杆电价为 0.55 元/千瓦时，Ⅱ 类资源区为 0.65 元/千瓦时，Ⅲ 类资源区为 0.75 元/千瓦时。适用范围为 2018 年 1 月 1 日以后纳入财政补贴年度规模管理的光伏发电项目，以及 2018 年以前备案并纳入以前年份财政补贴规模管理且 2018 年 6 月 30 日之前仍未全部投运的项目。2018 年 1 月 1 日后投运的、采用"自发自用、余量上网"模式的分布式光伏发电项目，全电量度电补贴标准降低 0.05 元，即补贴标准调整为 0.37 元。采用"全额上网"模式的分布式光伏发电项目按所在资源区光伏电站价格执行。

2018 年 5 月，国家发展改革委、财政部、国家能源局印发《关于 2018 年光伏发电有关事项的通知》（发改能源〔2018〕823 号），明确自 2018 年 5 月 31 日起，新投运的光伏电站标杆上网电价每千瓦时统一降低 0.05 元；2018 年 6 月 1 日起 Ⅰ 类资源区光伏电站标杆电价为 0.50 元/

千瓦时，Ⅱ类资源区为 0.60 元/千瓦时，Ⅲ类资源区为 0.70 元/千瓦时。"自发自用、余量上网"模式的分布式光伏发电项目，全电量度电补贴标准降低 0.05 元，即补贴标准调整为 0.32 元。"全额上网"模式的分布式光伏发电项目按所在资源区光伏电站价格执行。

2018 年 10 月，国家发展改革委、财政部、国家能源局印发《关于 2018 年光伏发电有关事项说明的通知》（发改能源〔2018〕1459号），对发改能源〔2018〕823 号政策的相关事项进行补充说明，即 2018 年 5 月 31 日（含）之前已备案、开工建设，且在 2018 年 6 月 30 日（含）之前并网投运的合法合规的户用自然人分布式光伏发电项目，纳入国家认可规模管理范围，标杆上网电价和度电补贴标准保持不变；已经纳入 2017 年及以前建设规模范围（含不限规模的省级区域）且在 2018 年 6 月 30 日（含）前并网投运的普通（集中式）光伏电站项目，执行 2017 年光伏电站标杆上网电价，属竞争配置的项目，执行竞争配置时确定的上网电价。

2019 年 4 月，国家发展改革委印发《关于完善光伏发电上网电价机制有关问题的通知》（发改价格〔2019〕761 号），明确将集中式光伏电站标杆上网电价改为指导价，纳入国家财政补贴范围的Ⅰ～Ⅲ类资源区新增集中式光伏电站指导价分别为每千瓦时 0.40 元、0.45元、0.55 元。新增集中式光伏电站上网电价原则上通过市场竞争方式确定，不得超过资源区指导价。适用范围为国家能源主管部门已经批复的纳入财政补贴规模的且已经确定项目业主，2019 年 7 月 1 日及以后并网的项目；对于 2019 年 6 月 30 日及以前并网的项目，执行 2018 年标杆电价。

2020 年 3 月，国家发展改革委印发《关于 2020 年光伏发电上网电价政策有关事项的通知》（发改价格〔2020〕511 号），明确对集中式光伏发电继续制定指导价。自 2020 年 6 月 1 日起，纳入国家财政补贴范围的Ⅰ～Ⅲ类资源区新增集中式光伏电站指导价分别确定为每千瓦时 0.35 元、0.4 元、0.49 元。降低工商业分布式光伏发电补贴标准，采用"自发自用、余量上网"模式的工商业分布式光伏发电项目，全发电量补贴标准调整为每千瓦时 0.05 元；采用"全额上网"模式的工商业分布式光伏发电项目，按所在资源区集中式光伏电站指导价执行。竞价上网的工商业分布式项目市场竞争形成的价格不得超过所在资源区指导价，且补贴标准不得超过每千瓦时 0.05 元。纳入 2020 年财政补贴规模的户用分布式光伏全发电量补贴标准调整为每千瓦时 0.08 元。

2021 年 6 月，国家发展改革委印发《关于 2021 年新能源上网电价政策有关事项的通知》（发改价格〔2021〕833 号），明确 2021 年 8 月 1 日起，对新备案集中式光伏电站、工商业分布式光伏项目，中央财政不再补贴，实行平价上网。

我国普通光伏电站（集中式光伏电站）上网电价见表 2-3 所列。

表 2-3　我国普通光伏电站上网电价　　单位：元/千瓦时

文件名称	适用项目	集中式光伏电站 标杆上网电价（指导价）		
		Ⅰ类	Ⅱ类	Ⅲ类
发改价格〔2011〕1594 号	2011 年 7 月 1 日以前核准建设，2011 年 12 月 31 日建成投产的项目	1.15	1.15	1.15
	2011 年 7 月 1 日及以后核准，以及 2011 年 7 月 1 日之前核准但截至 2011 年 12 月 31 日仍未建成投产的项目	1	1	1
发改价格〔2013〕1638 号	2013 年 9 月 1 日后备案（核准），以及 2013 年 9 月 1 日前备案（核准）但于 2014 年 1 月 1 日及以后投运的项目	0.9	0.95	1
发改价格〔2015〕3044 号	2016 年 1 月 1 日以后备案并纳入年度规模管理的光伏发电项目、2016 年以前备案并纳入年度规模管理的光伏发电项目但于 2016 年 6 月 30 日以前仍未全部投运的项目	0.8	0.88	0.98

（续表）

文件名称	适用项目	集中式光伏电站		
		标杆上网电价（指导价）		
		Ⅰ类	Ⅱ类	Ⅲ类
发改价格〔2016〕2729号	2017年1月1日以后纳入财政补贴年度规模管理的光伏发电项目、2017年以前年度备案并纳入以前年份财政补贴规模管理但于2017年6月30日以前仍未投运的项目	0.65	0.75	0.85
发改价格规〔2017〕2196号	2018年1月1日以后纳入财政补贴年度规模管理的光伏电站项目、2018年以前备案并纳入以前年份财政补贴年度规模管理但于2018年6月30日以前仍未投运的项目	0.55	0.65	0.75
发改能源〔2018〕823号	2018年5月31日后投运的项目、2019年6月30日前（含）并网的项目	0.5	0.6	0.7
发改价格〔2019〕761号	国家能源主管部门已经批复的纳入财政补贴规模且已经确定项目业主，但尚未确定上网电价的集中式光伏电站（项目指标作废的除外），2019年7月1日（含）后并网的项目	0.4	0.45	0.55
	新增集中式光伏电站上网电价原则上通过市场竞争方式确定	不得超过所在资源区指导价		
发改价格〔2020〕511号	新增集中式光伏电站继续执行指导价	0.35	0.4	0.49
发改价格〔2021〕833号	2021年8月1日起，新备案集中式光伏电站、工商业分布式光伏项目	中央财政不再补贴		

虽然我国普通光伏电站（集中式光伏电站）的上网电价变动频繁，且逐年下降趋势明显，但发改价格规〔2017〕2196号、发改能源〔2018〕823号、发改价格规〔2019〕761号、发改价格〔2020〕511号均明确村级光伏扶贫电站（含联村电站）的上网电价一直保持不变，Ⅰ～Ⅲ类资源区分别为0.65元、0.75元、0.85元。

我国分布式光伏项目上网电价见表2-4所列。

表2-4 我国分布式光伏项目上网电价 单位：元/千瓦时

文件名称	适用项目	分布式光伏项目			
		全额上网		自发自用、余电上网	
		户用	工商业	户用	工商业
发改价格〔2011〕1594号	2011年7月1日以前核准建设、2011年12月31日建成投产的项目	上网电价1.15			
	2011年7月1日及以后核准，以及2011年7月1日之前核准但截至2011年12月31日仍未建成投产的项目	上网电价1			
发改价格〔2013〕1638号	2013年9月1日后备案（核准），以及2013年9月1日前备案（核准）但于2014年1月1日及以后投运的项目	补贴标准0.42	上网电价1	补贴标准0.42	
发改价格〔2015〕3044号	2016年1月1日以后备案并纳入年度规模管理的光伏发电项目、2016年以前备案并纳入年度规模管理的光伏发电项目但于2016年6月30日以前仍未全部投运的项目	补贴标准0.42	上网电价0.98	补贴标准0.42	
发改价格〔2016〕2729号	2017年1月1日以后纳入财政补贴年度规模管理的光伏发电项目、2017年以前年度备案并纳入以前年份财政补贴规模管理但于2017年6月30日以前仍未投运的项目	补贴标准0.42	上网电价0.85	补贴标准0.42	
发改价格规〔2017〕2196号	2018年1月1日后投运的项目	补贴标准0.37	上网电价0.75	补贴标准0.37	
发改能源〔2018〕823号	2018年5月31日后投运的项目、2019年6月30日前（含）并网的项目	补贴标准0.32	上网电价0.7	补贴标准0.32	
发改价格〔2019〕761号	纳入2019年财政补贴规模，市场竞争形成的价格不得超过所在资源区指导价，且补贴标准不得超过每千瓦时0.10元	补贴标准0.18	上网电价0.55	补贴标准0.18	补贴标准0.1

（续表）

文件名称	适用项目	分布式光伏项目			
		全额上网		自发自用、余电上网	
		户用	工商业	户用	工商业
发改价格〔2020〕511 号	纳入 2020 年财政补贴规模的分布式光伏发电项目	补贴标准 0.08	上网电价 0.55	补贴标准 0.08	补贴标准 0.05
发改价格〔2021〕833 号	2021 年起，对新备案工商业分布式光伏项目，中央财政不再补贴	补贴标准 0.03	不再补贴	补贴标准 0.03	不再补贴

九、生物质发电上网电价标准及政策变革

生物质发电包括农林生物质发电、生活垃圾焚烧发电、垃圾填埋气发电、沼气发电等 4 类。2006 年以前，生物质发电上网电价和补贴政策为固定补贴制度，2006 年以后逐步过渡到固定电价制度。

（一）生物质上网电价

2006 年 1 月，国家发展改革委下文（发改价格〔2006〕7 号），印发《可再生能源发电价格和费用分摊管理试行办法》，明确生物质发电项目的补贴电价标准为 0.25 元/千瓦时，发电项目自投产之日起 15 年内享受补贴电价；同时规定，自 2010 年起，每年新批准和核准建设的发电项目的补贴电价比上一年新批准和核准建设项目的补贴电价递减 2%。2006 年以后获得政府主管部门批准或核准建设的生物质发电项目，实行政府定价的，由国务院价格主管部门分地区制定标杆电价，电价标准由各省（区、市）2005 年脱硫燃煤机组标杆上网电价加补贴电价组成，补贴电价标准为 0.25 元/千瓦时。通过招标确定投资人的生物质发电项目实行政府指导价，即按中标确定的价格执行，但不得高于所

在地区的标杆电价。

2010 年 7 月，国家发展改革委印发《关于完善农林生物质发电价格政策的通知》（发改价格〔2010〕1579 号），明确对未采用招标确定投资人的新建农林生物质发电项目，统一执行标杆上网电价 0.75 元/千瓦时；已核准的农林生物质发电项目（招标项目除外），上网电价低于上述标准的，上调至每千瓦时 0.75 元；高于上述标准的国家核准生物质发电项目，仍执行原电价标准。

2012 年 3 月，国家发展改革委印发《关于完善垃圾焚烧发电价格政策的通知》（发改价格〔2012〕801 号），明确垃圾焚烧发电执行全国统一垃圾发电标杆电价 0.65 元。上网电价高于当地脱硫燃煤机组标杆上网电价的部分实行两级分摊，其中省级电网负担每千瓦时 0.1 元、纳入销售电价疏导，其余部分纳入全国征收的可再生能源电价附加解决。

2020 年 9 月，国家发展改革委等部门下文（发改能源〔2020〕1421 号），印发《完善生物质发电项目建设运行的实施方案》，明确 2021 年 1 月 1 日起新开工项目为竞争配置项目，各类发电项目申报电价须低于标杆上网电价或现行电价。新纳入补贴范围的项目补贴资金由中央地方共同承担，合理确定分担比例，中央分担部分逐年调整并有序退出。

生物质发电项目上网电价见表 2-5 所列。

表 2-5　生物质发电项目上网电价

文件名称	适用时间	农林生物质发电	生活垃圾焚烧发电	垃圾填埋气发电	沼气发电
发改价格〔2006〕7 号	2006 年 1 月—2010 年 6 月	各省（自治区、直辖市）2005 年脱硫燃煤机组标杆上网电价加补贴电价（0.25 元/千瓦时）			
发改价格〔2010〕1579 号	2010 年 7 月—2012 年 3 月	0.75 元/千瓦时	沿用发改价格〔2006〕7 号文规定		
发改价格〔2012〕801 号	2012 年 4 月至今	0.75 元/千瓦时	0.65 元/千瓦时	沿用发改价格〔2006〕7 号文规定	
发改能源〔2020〕1421 号	2020 年及以后	竞价上网			

（二）生物质补贴政策

2006 年 1 月，国家发展改革委印发《可再生能源发电价格和费用分摊管理试行办法》，明确生物质发电项目的补贴电价标准为 0.25 元/千瓦时，发电项目自投产之日起 15 年内享受补贴电价，运行满 15 年后，取消补贴电价。

2012 年 3 月，国家发展改革委印发《关于完善垃圾焚烧发电价格政策的通知》（发改价格〔2012〕801 号），明确对垃圾焚烧发电上网电价高出当地脱硫燃煤机组标杆上网电价的部分实行两级分摊。其中，当地省级电网负担 0.1 元/千瓦时，电网企业由此增加的购电成本通过销售电价予以疏导，其余部分纳入可再生能源电价附加解决。

2020 年 9 月，国家发展改革委、国家能源局印发《完善生物质发电项目建设运行的实施方案》，提出推动完善生物质发电项目补贴机制，自 2021 年 1 月 1 日起，规划内已核准未开工、新核准的生物质发电项目全部通过竞争方式配置。将新纳入补贴范围的项目补贴资金由中央地方共同承担，分地区差异化地合理确定分担比例。

2021 年 8 月，国家发展改革委、财政部、国家能源局下文（发改能源〔2021〕1190 号），印发《2021 年生物质发电项目建设工作方案》，明确 2021 年生物质发电项目竞争配置规则。纳入 2021 年中央补贴范围的竞争配置项目，应在 2023 年底前实现全部机组建成并网，实际并网时间每逾期一个季度，并网电价补贴降低 0.03 元/千瓦时。

生物质发电项目补贴制度见表 2-6 所列。

表 2-6　生物质发电项目补贴制度

文件名称	农林生物质发电	生活垃圾焚烧发电	垃圾填埋气发电	沼气发电
发改价格〔2006〕7 号	补贴电价标准 0.25 元/千瓦时、15 年补贴年限			

（续表）

文件名称	农林生物质发电	生活垃圾焚烧发电	垃圾填埋气发电	沼气发电
发改价格〔2010〕1579号	0.75元/千瓦时—当地燃煤发电基准价	沿用发改价格〔2006〕7号文规定		
发改价格〔2012〕801号	沿用发改价格〔2010〕1579号文规定	沿用发改价格〔2006〕7号文规定，且当地省级电网负担0.1元/千瓦时，以垃圾处理量折算上网电量	沿用发改价格〔2006〕7号文规定	
财建〔2020〕199号	沿用发改价格〔2010〕1579号文规定	沿用发改价格〔2006〕7号文规定，提出核减环境违法垃圾焚烧发电项目的补贴资金	沿用发改价格〔2006〕7号文规定	
发改能源〔2020〕1421号	自2021年1月1日起，通过竞争方式配置，项目补贴资金由中央地方共同承担			
财建〔2020〕426号	确定生物质发电项目全生命周期合理利用小时数为82500小时			

（三）垃圾焚烧发电项目补贴规定

2012年4月，国家发展改革委印发《关于完善垃圾焚烧发电价格政策的通知》（发改价格〔2012〕801号），明确垃圾焚烧发电上网电价（0.65元）高出当地脱硫燃煤机组标杆上网电价的部分实行两级分摊。其中，当地省级电网负担每千瓦时0.1元，电网企业由此增加的购电成本通过销售电价予以疏导（即"省补"部分），其余部分纳入全国征收的可再生能源电价附加解决（即"国补"部分）。该政策从2012年4月1日起执行，2006年1月1日后核准的垃圾焚烧发电项目均按本政策执行。

1. 进一步规范垃圾焚烧发电价格政策

以生活垃圾为原料的垃圾焚烧发电项目，均先按其入厂垃圾处理量折算成上网电量进行结算，每吨生活垃圾折算上网电量暂定为 280 千瓦时，并执行全国统一垃圾发电标杆电价每千瓦时 0.65 元，其余上网电量执行当地同类燃煤发电机组上网电价。

2. 完善垃圾焚烧发电费用分摊制度

垃圾焚烧发电上网电价高出当地脱硫燃煤机组标杆上网电价的部分实行两级分摊。其中，当地省级电网负担每千瓦时 0.1 元，电网企业由此增加的购电成本通过销售电价予以疏导，其余部分纳入全国征收的可再生能源电价附加解决。

3. 切实加强垃圾焚烧发电价格监管

省级价格主管部门依据垃圾发电项目核准文件、垃圾处理合同，以及当地有关部门支付垃圾处理费的银行转账单等，定期对垃圾处理量进行核实。电网企业依据省级价格主管部门核定的垃圾发电上网电量和常规能源发电上网电量支付电费。

当以垃圾处理量折算的上网电量低于实际上网电量的 50% 时，视为常规发电项目，不得享受垃圾发电价格补贴；当折算的上网电量高于实际上网电量的 50% 且低于实际上网电量时，以折算的上网电量作为垃圾发电上网电量；当折算的上网电量高于实际上网电量时，以实际上网电量作为垃圾发电上网电量。

第三章 输配电价管理与实践

第一节 输配电价体系

一、输配电价定义

输配电价指电网经营企业提供接入系统、联网、电能输送和销售服务的价格总称，又称输配电费用，由政府制定，实行统一政策，分级管理。

根据 2005 年国家发展改革委《关于印发电价改革实施办法的通知》（发改价格〔2005〕514 号）的附件二《输配电价管理暂行办法》，输配电价具体构成包括：共用网络输配电服务价格、专项服务价格和辅助服务价格。

① 共用网络输配电服务价格，是指电网经营企业为接入共用网络的电力用户提供输配电和销售服务的价格，简称共用网络输配电价。

② 专项服务价格，是指电网经营企业利用专用设施为特定用户提供服务的价格，分为接入价、专用工程输电价和联网价三类。

③ 辅助服务价格，是指电力企业提供有偿辅助服务的价格，以电网企业支付的发电企业有偿辅助服务费用和电网企业自身提供辅助服务发生的费用为基础制定，向用户收取。

二、输配电价体系的政策演变

2005 年，国家发展改革委制定的《输配电价管理暂行办法》，提出了我国输配电价由政府制定，明确了输配电价"成本＋收益"的管理方式。同年，国家电监会下文（电监价财〔2005〕16 号），颁布《输配电成本核算办法（试行）》，目的是加强对输配电成本的管理，明确了输配电成本对象、成本项目、科目设置及成本报表等相关规定。

2015 年 3 月，中共中央、国务院印发《关于进一步深化电力体制改革的若干意见》（中发〔2015〕9 号），明确有序推进电价改革，理顺电价形成机制。单独核定输配电价，逐步过渡到按"准许成本＋合理收益"原则，分电压等级核定，用户或售电主体按照其接入的电网电压等级所对应的输配电价支付费用。分步实现公益性以外的发售电价格由市场形成，放开竞争性环节电力价格，把输配电价与发售电价在形成机制上分开。

自 2015 年以来，国家发展改革委持续深化输配电价改革，形成了"1＋4"的输配电价政策体系，即 1 个输配电成本监审办法；4 个针对不同层级电网定价办法的指导意见，包括跨省跨区专项工程输电价格定价办法、区域电网输电价格定价办法、省级电网输配电价定价办法、地方电网和增量配电网配电价格的指导意见。

2019 年 1 月，国家发展改革委印发《关于开展第二监管周期电网输配电定价成本监审的通知》（发改价格〔2019〕165 号），进一步深入推进输配电价改革，合理有效降低用电成本，对除西藏外 30 个省份的省级电网和 5 个区域电网进行第二监管周期输配电定价成本监审。

2019 年 5 月，国家发展改革委、国家能源局下发通知（发改价格规〔2019〕897 号），印发《输配电定价成本监审办法》，明确了输配电定价成本监审的原则，详细制定了定价成本划分科目，提出了定价成本的核定方法。

2020 年 2 月，国家发展改革委下文（发改价格规〔2020〕100 号），印发《区域电网输电价格定价办法》，提出电力体制改革思路、单独核定输配电价，要求分开计算输配电价与发售电价。随后，发改价格规〔2020〕101 号文件印发《省级电网输配电价定价办法》，标志着我国输配电价监管体系基本完善。

2023 年 5 月，国家发展改革委印发《关于第三监管周期省级电网输配电价及有关事项的通知》（发改价格〔2023〕526 号），进一步完善了电价体系，将原包含在输配电价内的上网环节线损费用和抽水蓄能容量电费予以单列，设置系统运行费和上网环节线损费用。系统运行费用包括辅助服务费用、抽水蓄能容量电费等，上网环节线损费用按实际购电上网电价和综合线损率计算。

第二节　输配电价成本监审办法

2019 年 5 月，国家发展改革委、国家能源局《关于印发〈输配电定价成本监审办法〉的通知》（发改价格规〔2019〕897 号），对 2015 年印发的《输配电定价成本监审办法（试行）》进行了修订，对输配电定价成本和省级、区域、专项工程输配电定价成本进行了定义。

输配电定价成本，是指政府核定的电网企业提供输配电服务的合理费用支出。省级电网输配电定价成本，是指政府核定的省级电网企业为使用其经营范围内输配电设施的用户提供输配电服务的合理费用支出。区域电网输电定价成本，是指政府核定的区域电网经营者为使用其经营范围内跨省交流共用输电网络的用户提供输电服务的合理费用支出。专项工程输电定价成本，是指政府核定的电网企业提供跨省跨区专用输电、联网服务的合理费用支出。

一、输配电定价成本构成

输配电定价成本包括折旧费和运行维护费。折旧费，是对输配电业务相关的固定资产按照本办法规定的折旧方法和年限计提的费用。运行维护费，是电网企业维持电网正常运行的费用，包括材料费、修理费、人工费和其他运营费用。不符合《中华人民共和国会计法》等有关法律法规和国家有关财务会计、价格监管制度等规定的相关费用不得计入输配电定价成本。

省级电网输配电定价成本按照 500 千伏及以上、220 千伏（330 千伏）、110 千伏（66 千伏）、35 千伏、10 千伏（含 20 千伏）、不满 1 千伏分电压等级核定。

二、输配电定价成本核定

（一）纳入核价范围的费用

对可纳入核价的折旧费、材料费、修理费、人工费及其他运营费用需满足的条件进行了明确。其中计入定价成本的折旧费，按照监审期间最末一年的可计提折旧输配电固定资产原值和本办法规定的输配电固定资产分类定价折旧年限，采用年限平均法分类核定。按照固定资产类别和电压等级制定了"电网企业固定资产分类定价折旧年限表"，并对可计提折旧的输配电固定资产范围进行了规定。

（二）核价电量基础

核定单位输配电定价成本所对应的电量，省级电网按监审期间最末一年省级电网公司输配电量核定，区域电网按监审期间区域电网线路资产最末一年实际输送电量核定，专项工程按照监审期间该工程企业的平均实际输送电量和设计电量的较高值核定。

（三）输配电损耗率

按照电网企业监审期间实际损耗平均水平确定，省级电网分电压等级予以明确，专项输电服务分工程予以明确。

第三节 省级电网输配电价

省级电网输配电价，即省级电网企业在其经营范围内为用户提供共用网络输配电服务的价格。通过输配电价回收的准许收入，是指通过核定省级电网输配电价向所有使用共用网络的电力用户回收的准许收入。

2020年1月，国家发展改革委印发《省级电网输配电价定价办法》，确定了各省输配电价定价方法：省级电网输配电价以成本监审为基础，按照"准许成本＋合理收益"方法核定输配电准许收入，再核定分电压等级和各类用户输配电价。省级电网输配电价在每一监管周期开始前核定，监管周期为3年。截至2023年11月，国家已实施3轮输配电价改革。

一、准许成本

输配电价管制模式中的准许成本由折旧费和运营维护费用构成。具体核算方法如下：

① 准许成本。准许成本＝折旧费＋运行维护费。基期准许成本和监管周期新增（减少）准许成本分别核定。

② 基期准许成本。基期准许成本是指根据《输配电定价成本监审办法》等规定，经成本监审核定的历史成本。

③ 监管周期新增（减少）准许成本。监管周期新增（减少）准许

成本是指电网企业在监管周期前一年及监管周期内预计合理新增或减少的准许成本。

按照《省级电网输配电价定价办法》规定，材料费、修理费和人工费3项合计按不高于监管周期新增输配电固定资产原值的2％核定，其他运营费用按照不高于成本监审核定的上一监管周期电网企业费率水平的70％，同时不高于监管周期新增输配电固定资产原值的2.5％核定。

二、准许收益

准许收益是指价格主管部门根据有关规定，核定输配电企业在一个管制周期内逐年允许回报。其由2个因素决定：可计提收益的有效资产和准许收益率。准许收益＝可计提收益的有效资产×准许收益率。

可计提收益的有效资产，是指电网企业投资（包括政府投资或财政拨款投资）形成的、为提供共用网络输配电服务所需的、允许计提投资回报的输配电资产，包括固定资产净值、无形资产净值和营运资本。

准许收益率的实质是以加权平均资本成本作为电网企业的允许投资回报率。准许收益率＝权益资本收益率×（1－资产负债率）＋债务资本收益率×资产负债率。

其中，权益资本收益率原则上按不超过同期国资委对电网企业经营业绩考核确定的资产回报率，并参考上一监管周期省级电网企业实际平均净资产收益率核定。在总体收益率控制的前提下，考虑东西部差异，对涉及互助帮扶的省级电网企业收益率可作适当调整。

债务资本收益率，参考电网企业实际融资结构和借款利率，以及不高于同期人民币贷款市场报价利率核定。如电网企业实际借款利率高于市场报价利率，按照市场报价利率核定；如实际借款利率低于市场报价利率，按照实际借款利率加二者差额的50％核定。

资产负债率按照国资委考核标准并参考上一监管周期电网企业资产负债率平均值核定。

三、税金

价内税金依据现行国家相关税法规定核定,计算公式为:价内税金＝所得税＋城市维护建设税＋教育费附加。其中:所得税＝可计提收益的有效资产×(1－资产负债率)×权益资本收益率÷(1－所得税率)×所得税率。所得税率按照税法有关规定核定。城市维护建设税及教育费附加＝(不含增值税的准许收入×增值税税率－准许成本进项税抵扣额)×(城市维护建设税税率＋教育费附加计征比率)。

四、平均输配电价

省级电网平均输配电价(含增值税)＝通过输配电价回收的准许收入(含增值税)÷省级电网共用网络输配电量。其中,省级电网共用网络输配电量,参考历史电量增长情况以及有权限的省级政府主管部门根据电力投资增长和电力供需情况预测的电量增长情况等因素核定。

第四节 区域电网输电价

区域电网输电价,即区域电网运行机构运营区域共用输电网络提供的电量输送和系统安全及可靠性服务的价格。

2020年2月,国家发展改革委印发的《区域电网输电价格定价办法》,确定了区域电网输配电价定价方法。规定区域电网输电价以成本监审为基础,按照"准许成本＋合理收益"方法核定区域电网输电业务的准许收入,并通过容量电费和电量电费两种方式回收。其中,电量电费随区域电网实际交易结算电量收取,容量电费按受益付费原则,向区域内各省级电网公司收取。区域电网输电价格在每一监管周期开始前核定，监管周期为 3 年。

核定区域电网输电价格遵循以下原则：

① 提升电网效率。强化电网企业成本约束，以严格的成本监审为基础，按照"准许成本＋合理收益"方法核定输电准许收入；健全激励约束机制，促进电网企业加强管理降低成本。

② 合理分摊成本。区域电网既保障省级电网安全运行，又提供输电服务。区域电网输电价格，应在核定准许收入的基础上，按功能定位和服务对象合理分摊的原则制定。

③ 促进电力交易。区域电网输电价格，应有利于促进市场公平竞争和资源合理配置，促进跨省跨区电力市场化交易，促进清洁能源在更大范围内优化配置。

④ 规范定价行为。明晰定价规则，规范定价程序，科学确定方法，最大限度减少自由裁量权，提高政府定价的法治化、规范化、透明度。

2023 年 5 月，国家发展改革委印发《关于第三监管周期区域电网输电价格及有关事项的通知》（发改价格〔2023〕532 号），核定了华北、华东、华中、东北、西北区域电网第三监管周期两部制输电价格，同时明确区域电网容量电价作为上级电网分摊费用通过省级电网输配电价回收。

区域电网准许收入由准许成本、准许收益和税金构成。

① 准许成本由基期准许成本、监管周期新增和减少准许成本构成。

② 准许收益按可计提收益的有效资产乘以准许收益率计算。

③ 税金依据现行国家相关税法规定核定执行。包括所得税、城市维护建设税、教育费附加。

区域电网准许收入通过容量电费和电量电费两种方式回收。容量电费与电量电费比例计算公式为：容量电费：电量电费＝（折旧费＋人工费）：运行维护费（不含人工费）。其中，电量电费随区域电网实际交易结算电量收取，由购电方支付；容量电费按照受益付费原则，向区域内各省级电网公司收取。分摊给各省级电网公司的容量电费作为上级电网分摊费用纳入省级电网准许收入，通过省级电网输配电价回收，按各省级电网终端售电量（含市场化电量）确定标准收取。

第五节　专项工程输电价

专项工程输电价，即跨省跨区专项工程输电价，指电网企业通过跨省跨区专项工程提供跨省跨区电能输送、电网互济和安全保障等服务的价格。

2021 年 10 月，国家发展改革委下文（发改价格规〔2021〕1455号），印发《跨省跨区专项工程输电价格定价办法》，对国家发展改革委于 2017 年印发的《跨省跨区专项工程输电价格定价办法（试行）》（发改价格规〔2017〕2269 号）作了修订。

跨省跨区专项工程是指以送电功能为主的跨区域电网工程，以及送受端相对明确、潮流方向相对固定的区域内跨省输电工程。跨省跨区专项工程输电价格实行单一电量电价制。按照事前核定、定期校核原则核定，在工程投运前，核定临时输电价格；工程竣工决算并开展成本监审后，核定正式输电价格；工程经营期内，每 5 年校核一次。

第六节　第三监管周期省级电网输配电价

2023 年 5 月 15 日，国家发展改革委正式印发《关于第三监管周期省级电网输配电价及有关事项的通知》（发改价格〔2023〕526 号），公布了第三监管周期（2023 年 6 月 1 日起执行）省级电网输配电价水平，并对用户类别划分、两部制电价、工商业电价等相关事项进行了规定。

① 用户用电价格逐步归并为居民生活、农业生产及工商业用电（除执行居民生活和农业生产用电价格以外的用电）3 类；尚未实现工商业同价的地方，用户用电价格可分为居民生活、农业生产、大工业、一般工商业用电（除执行居民生活、农业生产和大工业用电价格以外的用电）4 类。

② 执行工商业（或大工业、一般工商业）用电价格的用户（以下简称工商业用户），用电容量在 100 千伏安及以下的，执行单一制电价；100 千伏安至 315 千伏安之间的，可选择执行单一制或两部制电价；315 千伏安及以上的，执行两部制电价，现执行单一制电价的用户可选择执行单一制电价或两部制电价。选择执行需量电价计费方式的两部制用户，每月每千伏安用电量达到 260 千瓦时及以上的，当月需量电价按本通知核定标准 90% 执行。每月每千伏安用电量为用户所属全部计量点当月总用电量除以合同变压器容量。

③ 工商业用户用电价格由上网电价、上网环节线损费用、输配电价、系统运行费用、政府性基金及附加组成。

系统运行费用包括辅助服务费用、抽水蓄能容量电费等。

上网环节线损费用按实际购电上网电价和综合线损率计算。电力市场暂不支持用户直接采购线损电量的地方，继续由电网企业代理采购线损电量，代理采购损益按月向全体工商业用户分摊或分享。

④ 居民生活、农业生产用电继续执行现行目录销售电价政策。

第四章　销售电价管理与实践

第一节　销售电价概述

销售电价是电网经营企业对终端用户销售电能的价格，也称为用户电价。我国销售电价按用电性质，分电压等级制定。最初的销售电价按用电性质分为居民、大工业、非工业和普通工业、商业、非居民照明、农业生产、农业排灌等七大类，并对独立县级供电企业实施趸售电价政策（该政策现已不再实施），按照电价改革明确逐步归并为居民生活用电、农业生产用电、工商业及其他用电三大类。

此外，为加强需求侧管理，引导用户合理用电，我国实施了两部制电价、峰谷分时电价、丰枯季节电价、居民生活阶梯电价、功率因数调整电价等配套电价机制；为加快淘汰落后高耗能产业，国家出台差别电价、超标能耗惩罚性电价和阶梯电价等政策，能耗越高，电价越高。

2015年之前，我国销售电价均采用目录单价机制，即政府定价模式；新一轮电力体制改革开启，我国进入了计划与市场并行的双轨制电价阶段，居民、农业等保障类用户和未进入市场的工商业用户仍执行目录电价机制，进入市场的用户执行市场化电价，实现了部分发电量价格的市场化和工商业用户用电价格的市场化。

2021 年 10 月，国家发展改革委印发《关于进一步深化燃煤发电上网电价市场化改革的通知》（发改价格〔2021〕1439 号），明确推动工商业用户全面进入市场，取消工商业目录销售电价，保持居民、农业、公益性事业用电价格稳定，充分发挥市场在资源配置中的决定性作用，更好发挥政府引导作用，保障电力安全稳定供应，促进产业结构优化升级，推动构建新型电力系统。

自 2021 年 12 月起，工商业及其他用电价格随市场化购电价格或代理购电价格的变动而变动，居民生活用电和农业生产用电价格一直维持目录电价稳定不变。参加市场化交易的工商业用户，用电价格由市场化购电价格、输配电价（含线损及政策性交叉补贴）、政府性基金及附加等组成。由电网企业代理购电的用户，用电价格由代理购电价格、输配电价（含线损及政策性交叉补贴）、政府性基金及附加等组成。第三监管周期输配电价公布后，工商业用户由上网电价、上网环节线损费用、输配电价、系统运行费用（包括辅助服务费用、抽水蓄能容量电费等）、政府性基金及附加组成。

第二节 销售电价分类情况

中华人民共和国成立初期，国家按照电力用户的行业属性将销售电价分为居民生活、大工业、非工业和普通工业、农业 4 类，构成了最初的销售电价体系。经过半个多世纪的改革和完善，目前我国已经形成了较为完善的销售电价体系，在资源配置、经济结构调整等方面发挥了积极的作用。

1965 年，国家按照用户的用电性质和行业属性制订了全国统一的销售电价，颁发了《电、热价格》，在全国范围内基本实现了统一的目录电价。电价按照用户的用电性质和行业属性分为照明电价、大工业电价、非工业和普通工业电价、农业生产电价4类。其中，只有大工业用户实行两部制电价，其他实行单一制电价。

1975年，国家水利电力部修订印发《电、热价格》（水电财字〔1975〕67号），将目录电价调整为照明电价、非工业电价、普通工业电价、大工业电价以及农业生产电价5个大类。

1993年，国家对指令性电价和指导性电价进行并轨，实行新的目录电价，将销售电价分为居民生活电价、非居民照明电价、非工业和普通工业电价、大工业电价、商业电价、农业生产电价、贫困县农业排灌电价和趸售电价8类。

2013年5月，国家发展改革委印发《关于调整销售电价分类结构有关问题的通知》（发改价格〔2013〕973号），明确用5年时间将7类销售电价分类逐步归并为居民生活、农业生产和工商业及其他用电价格3个类别，推进工商业同类同价；明确电力用户按电压等级、用电容量或单位容量用电量进行分档定价。

2023年5月，国家发展改革委印发《关于第三监管周期省级电网输配电价及有关事项的通知》（发改价格〔2023〕526号），明确用户用电价格逐步归并为居民生活、农业生产及工商业用电（除执行居民生活和农业生产用电价格以外的用电）3类；尚未实现工商业同价的地方，用户用电价格可分为居民生活、农业生产、大工业、一般工商业用电（除执行居民生活、农业生产和大工业用电价格以外的用电）4类。

根据发改价格〔2013〕973号要求，不同省（区、市）专门制定了各省规范销售电价分类适用范围。下面以《安徽省销售电价说明的通知》（皖价商〔2014〕149号）为例，对销售电价分类适用情况做简单介绍。

一、居民生活用电

居民生活用电是指城乡居民家庭住宅、城乡居民住宅小区公用附属设施、学校教学和学生生活、社会福利场所生活、宗教场所生活、城乡社区居民委员会和农村村民委员会服务设施、监狱监房生活用电。

① 城乡居民家庭住宅用电，是指城乡居民家庭住宅，以及机关、部队、学校、企事业单位集体宿舍的生活用电。

② 城乡居民住宅小区公用附属设施用电，是指城乡居民家庭住宅小区内的公共场所照明、电梯、电子防盗门、电子门铃、消防、绿地、门卫、车库、二次供水等非经营性用电。

③ 学校教学和学生生活用电，是指学校的教室、图书馆、实验室、体育用房、校系行政用房等教学设施，以及学生食堂、澡堂、宿舍等学生生活设施用电。

执行居民用电价格的学校，是指经国家有关部门批准，由政府及其有关部门、社会组织和公民个人举办的公办、民办学校，包括：普通高等学校（包括大学、独立设置的学院和高等专科学校）；普通高中、成人高中和中等职业学校（包括普通中专、成人中专、职业高中、技工学校）；普通初中、职业初中、成人初中；普通小学、成人小学；幼儿园（托儿所）；特殊教育学校（对残障儿童、少年实施义务教育的机构）。不含各类经营性培训机构，如驾驶、烹饪、美容美发、语言、电脑培训等。

④ 社会福利场所生活用电，是指经县级及以上人民政府民政部门批准，由国家、社会组织和公民个人举办的，为老年人、残疾人、孤儿、弃婴提供养护、康复、托管等服务场所的生活用电。

⑤ 宗教场所生活用电，指经县级及以上人民政府宗教事务部门登记的寺院、宫观、清真寺、教堂等宗教活动场所常住人员和外来暂住人员的生活用电。

⑥ 城乡社区居民委员会和农村村民委员会服务设施用电，是指城乡居民社区居民委员会工作场所及非经营公益服务设施的用电。包括：徽风报刊亭用电、实行一体化管理的行政村卫生室用电和农村地区公共图书馆、文化馆、博物馆、美术馆、纪念馆、乡镇综合文化站等实行免

费开放的公益性文化单位用电。

⑦ 监狱监房生活用电，是指监狱监房生活用电，不包括看守所、拘留所等政府机关附属机构用电。

此外，2005 年 4 月，国家发展改革委印发《销售电价管理暂行办法》（发改价格〔2005〕514 号），明确居民生活用电销售电价的制定和调整，政府价格主管部门应进行听证。

二、农业生产用电

农业生产用电价格指农业、林木培育和种植、畜牧业、渔业生产用电，农业排灌用电，以及农业服务业中的农产品初加工用电的价格。

① 受电变压器（含不通过受电变压器的高压电动机）容量在 315 千伏安以下的下列用电。

农业用电，是指各种农作物的种植活动用电。包括谷物、豆类、薯类、棉花、油料、糖料、麻类、烟草、蔬菜、食用菌、园艺作物、水果、坚果、含油果、饮料和香料作物、中药材及其他农作物种植用电。

林木培育和种植用电，是指林木育种和育苗、造林和更新、森林经营和管护等活动用电。其中，森林经营和管护用电是指在林木生长的不同时期进行的促进林木生长发育的活动用电。

畜牧业用电，是指为了获得各种畜禽产品而从事的动物饲养活动用电，包括养殖场照明、孵化、饲料生产（非经营性）、畜舍清理等生产性用电，不包括畜禽产品加工、经营性饲料生产以及办公、宿舍等其他用电。不包括专门供体育活动和休闲等活动相关的禽畜饲养用电。

渔业用电，是指在内陆水域对各种水生动物进行养殖、捕捞，以及在海水中对各种水生动植物进行养殖、捕捞活动用电。不包括专门供体育活动和休闲钓鱼等活动用电以及水产品的加工用电。

农产品初加工用电，是指农村个体户（无成规模厂房、无固定生产人员和生产组织机构）对各种农产品（包括天然橡胶、纺织纤维原料）进行脱水、凝固、去籽、净化、分类、晒干、剥皮、初烤、沤软或大批包装以提供初级市场的用电。

② 农村饮水安全工程运行用电，是指经批准建设的规划范围内农村饮水安全工程运行用电。

③ 农业灌溉用电，是指为农业生产服务的灌溉及排涝用电。

④ 贫困县农业排灌用电，是指国家级、省级贫困县的农田排灌用电。贫困县农业排灌用电和农业抗灾用电指标合并使用，价格按照贫困县农业排灌用电价格执行。

三、工商业及其他用电

工商业及其他用电，是指除居民生活及农业生产用电以外的用电。

（一）大工业用电

大工业用电，是指受电变压器（含不通过受电变压器的高压电动机）容量在 315 千伏安及以上的下列用电。

① 以电为原动力，或以电冶炼、烘焙、熔焊、电解、电化、电热的工业生产用电。

② 铁路（包括地下铁路、城铁）、航运、电车及石油（天然气、热力）加压站生产用电。

③ 自来水、工业实验、电子计算中心、垃圾处理、污水处理生产用电。

④ 发电企业因启动调试等原因向电网购买的电量，执行大工业电度电价（不收取基本电费）。

⑤ 中小化肥用电，是指年生产能力为 30 万吨以下（不含 30 万吨）的单系列合成氨、磷肥、钾肥、复合肥料生产企业中化肥生产用电。其中复合肥料是指含有氮磷钾 2 种以上（含 2 种）元素的矿物质，经过化学方法加工制成的肥料。但化肥企业生产液氨、甲醇、甲醛、纯碱、吗啉、香料、硫酸等化工产品（非中小化肥中间产品）用电，不执行中小化肥电度电价与容量电价。

对新增中小化肥企业，由市级价格主管部门会同工业经济主管部门和电网企业认定并报省物价局批准后，执行中小化肥电价。

⑥ 农副食品加工业用电，是指直接以农、林、牧、渔产品为原料进行的谷物磨制、饲料加工、植物油和制糖加工、屠宰及肉类加工、水产品加工，以及蔬菜、水果、坚果等食品的加工用电。

（二）一般工商业及其他用电

一般工商业及其他用电，是指除居民生活用电、农业生产用电以及大工业用电以外的用电。

在实际的销售电价管理中，一般工商业及其他用电涵盖了非居民照明、非工业及普通工作、商业等用电类型。非居民照明用电是除居民生活用电、商业用电、大工业用电生产车间照明以外的照明用电、办公设施用电，总容量不足 3 千瓦的动力用电等。非工业用电是指凡以电为原动力，或以电冶炼、烘焙、电解、电化的试验和非工业性生产，总容量在 3 千瓦及以上的用电等。普通工业用电是指凡以电为原动力，或以电冶炼、烘焙、熔焊、电解、电化的一切工业生产，受电变压器容量不足 315 千伏安或低压受电，以及在上述容量、受电电压以内的用电；商业用电是指从事商品交换、提供有偿服务等非公益性场所用电。

第三节　专项补偿性价格政策

一、农村电网维护费

农村电网维护费是指能够保证农村低压电网资产正常运行所必需的合理费用，由农村电能损耗、电工合理报酬和农网运行费用 3 部分构成，主要从农村收取的电费中提取，用于农村低压电网的运行维护，也称为农村低压电网维护费，简称为农维费。

1998 年 3 月，财政部、国家税务总局印发《关于免征农村电网维护费增值税问题的通知》（财税字〔1998〕47 号），规定从 1998 年 1 月 1 日起，对农村电管站在收取电价时一并向用户收取的农村电网维护费（包括低压线路损耗和维护费以及电工经费）给予免征增值税的照顾。

1998 年 10 月，国务院办公厅发布的《转发国家计委关于改造农村电网改革农电管理体制实现城乡同网同价请示的通知》（国办发〔1998〕134 号）规定，在改造农村电网、改革农电管理体制的基础上，实现城乡同网同价。

2002 年 1 月，国家计委印发《关于加快实施城乡用电同价工作的通知》（计价格〔2002〕65 号），明确农村电网维护管理费由农村电能损耗、电工合理报酬和农网运行费用 3 个部分构成。实现城乡用电同价可以先从居民电价开始，逐步扩大到各类电价，但应尽可能做到同步实现城乡各类用电同价。

二、高可靠性供电费用

高可靠性负荷用户为了提高供电可靠性，必然要采用备用线或备用电源，电网建设成本较高，需对备用线或备用电源收费，即形成高可靠性供电费用。

2003 年 12 月，国家发展改革委印发《关于停止收取供配电贴费有关问题的补充通知》（发改价格〔2003〕2279 号），明确对申请新装及增加用电容量的两路及以上多回路供电（含备用电源、保安电源）用电户，在国家没有统一印发高可靠性电价政策前，除供电容量最大的供电回路外，对其余供电回路可适当收取高可靠性供电费用。高可靠性供电费用和临时接电费用收费标准，由各省（自治区、直辖市）价格主管部门会同电力行政主管部门，在《国家计委、国家经贸委关于调整供电贴费标准等问题的通知》（计价格〔2000〕744 号）规定的收费标准范围内，根据本地区实际情况确定。

不同地区规定的收费标准不同，下面以安徽为例进行介绍。

2004 年 7 月，安徽省发展改革委、物价局印发《转发国家发展改革委关于停止收取供配电贴费有关问题的补充通知》（皖价服〔2004〕223 号），明确对申请新装及增加用电容量的两路及以上多回路供电（含备用电源、保安电源）用电户，除供电容量最大的供电回路外的其余供电回路，供电企业可收取高可靠性供电费用，地下电缆线路的高可靠性供电费用标准按架空线路高可靠性供电费用标准的 1.5 倍收取。

2018 年 6 月，安徽省物价局印发《关于高可靠性供电费用有关问题的批复》（皖价商函〔2018〕129 号），明确用户自建本级电压外部工程，是指由某一个用户单独筹资建设或多个用户共同筹资建设本级电压工程。对用户自筹资金架设由用户专用变压器到电网中本级受电电压等级公用供电干线的电线或电缆，应按用户自建本级电压外部供电工程相应受电电压等级收取高可靠性费用。

2011 年 7 月，安徽省物价局印发《关于 20 千伏电压等级高可靠性供电费用征牧标准问题的函》（皖价商函〔2011〕131 号），指出 20 千伏电压等级供电的高可靠性供电费用收取标准为 190 元/千伏安，自建本级电压外部供电工程的高可靠性供电费用收取标准为 128 元/千伏安。

安徽省架空线路高可靠性供电费用标准见表 4-1 所列。

表 4-1　安徽省架空线路高可靠性供电费用标准

用户受电电压等级（千伏）	收费标准（元/千伏安）	
	用户应交纳的高可靠费用	自建本级电压外部供电工程用户应交纳的高可靠费用
0.38/0.22	260	210
10	210	160
20	190	128
35	160	80
63	110	
110	80	

备注：地下电缆按架空线路费用的 1.5 倍计收。

三、自备电厂相关费用

（一）政策沿革

随着我国社会经济的快速发展，各省市的自备电厂总装机容量越来越大，已经成为我国社会经济发展中不可忽视的供电力量。为了保证自备电厂向所在企业供电的可靠性，保证企业的正常生产活动不受影响，自备电厂大多并网运行，并且依赖于电网向其提供辅助服务和备用服务。因此，自备机组的存在占用了电力系统的资源，对系统的安全稳定运行带来一定的影响，与此同时，自备机组由于未执行销售目录电价，不承担分类电价中的交叉补贴，也不要缴纳政府性基金及附加，一定程度上影响到企业间的公平竞争。

2004 年至 2018 年，国务院及国家发展改革委、国家能源局等部门通过文件形式在电力体制改革方面提出了一系列政策性指导意见和相关实施的操作性原则，以规范自备电厂的发展和专项管理。

2007 年 1 月，国务院批转发展改革委、能源办印发《关于加快关停小火电机组若干意见的通知》（国发〔2007〕2 号），明确对自备电厂自发自用电量征收国家规定的三峡工程建设基金、农网还贷资金、城市公用事业附加费、可再生能源附加、大中型水库移民后期扶持资金等，并按规定收取备用容量费。

2009 年 12 月，国家发展改革委、国家电监会、国家能源局印发《关于规范电能交易价格管理等有关问题的通知》（发改价格〔2009〕2474 号），明确拥有自备电厂的企业自用电量由政府有关部门和电力监管机构核定，并按照国发〔2007〕2 号文件规定交纳国家规定的三峡工程建设基金、农网还贷资金、城市公用事业附加费、可再生能源电价附加、水库移民后期扶持资金等政府性基金及附加，并由当地电网企业负责代征并上缴。

2010 年 9 月，财政部印发《关于印发〈政府性基金管理暂行办法〉

的通知》（财综〔2010〕80号），明确除法律、行政法规和中共中央、国务院或者财政部规定外，其他任何部门、单位和地方各级人民政府均不得批准设立或者征收政府性基金，不得改变征收对象，不得调整征收范围、标准及期限，不得减征、免征、缓征、停征或者撤销政府性基金，不得以行政事业性收费名义变相设立政府性基金项目。随后，财政部印发《关于征收国家重大水利工程建设基金有关问题的通知》（财综〔2010〕97号），强调资源综合利用（利用余热余压发电、煤矸石发电等）、热电联产的企业自备电厂纳入基金征收范围，各地应按此规定对资源综合利用、热电联产的企业自备电厂征收基金，不得免征。

2011年11月，财政部、国家发展改革委、国家能源局印发《关于印发可再生能源发展基金征收使用管理暂行办法的通知》（财综〔2011〕115号），明确各省、自治区、直辖市纳入可再生能源电价附加征收范围的销售电量包括企业自备电厂自发自用电量。

电力改革配套文件《关于加强和规范燃煤自备电厂监督管理的指导意见》第五条规定，企业自备电厂自发自用电量应承担并足额缴纳国家重大水利工程建设基金、农网还贷资金、可再生能源发展基金、大中型水库移民后期扶持基金和城市公用事业附加等依法合规设立的政府性基金以及政策性交叉补贴，各级地方政府均不得随意减免或选择性征收。拥有并网自备电厂的企业应与电网企业协商确定备用容量，并按约定的备用容量向电网企业支付系统备用费。

2015年11月，国家发展改革委、国家能源局印发《关于加强和规范燃煤自备电厂监督管理的指导意见》，明确企业自备电厂自发自用电量应承担并足额缴纳国家重大水利工程建设基金、农网还贷资金、可再生能源发展基金、大中型水库移民后期扶持基金和城市公用事业附加等依法合规设立的政府性基金以及政策性交叉补贴，各级地方政府均不得随意减免或选择性征收；同时指出，拥有并网自备电厂的企业应与电网企业协商确定备用容量，并按约定的备用容量向电网企业支付系统备用费。

2016年1月，财政部、国家发展改革委联合印发《关于提高可再生能源发展基金征收标准等有关问题的通知》（财税〔2016〕4号），明确企业自备电厂自发自用电量，以及大用户与发电企业直接交易电量，均应纳入基金征收范围，各地不得减免或缓征。对企业自备电厂以前年度欠缴基金，要足额补征。

（二）相关费用征缴要求及标准

1. 政府性基金及附加

各类政府性基金及附加按同期销售电价中征收标准执行，应缴金额按自备电厂自发自用电量计算。

2. 政策性交叉补贴

企业自备电厂应该按有关规定缴纳政策性交叉补贴。政策性交叉补贴标准由各省自行明确，应缴金额按自备电厂自发自用电量计算。

3. 系统备用容量费

与电网相连的自备电厂，应按标准向接网的电网企业支付一定的系统备用费，电网企业为自备电厂并网提供支持、调频调压和备用等服务。自备电厂系统备用费征收标准按合理补偿成本的原则，由地方政府或者自备电厂与电网协商确定，国家未设定统一标准。

2017年11月，国家发展改革委印发《关于取消临时接电费和明确自备发电厂有关收费政策的通知》（发改办价格〔2017〕1895号），明确各省级价格主管部门结合实际研究印发减免余热、余压、余气自备电厂政策性交叉补贴和系统备用费的办法。各省物价局制定地方自备电厂收费办法，收取自备电厂系统备用费和政府性基金及附加，并由供电企业向自备电厂提供系统备用服务。

四、电气化铁路还贷电价

1995年11月，国家计委印发《电气化铁路配套电力工程管理办法》（计建设〔1995〕1954号），明确在当地大工业两部制电价中的电量电价基础上加收电气化铁路还本付息电价，用于回收电气化铁路电网配套电力工程建设的增量投资。

2011年5月，国家发展改革委印发《关于电气化铁路配套供电工程有关电价问题的通知》（发改价格〔2011〕1002号），明确对新建电气化铁路配套供电工程还贷电价实行分省标杆电价政策。各省（区、市）新建电气化铁路还贷标杆电价，自供电工程投入运营之日起执行。电气化铁路还贷标杆电价原则上两年一修正。电气化铁路用电执行两部制电价，并实行功率因数考核。对电铁暂缓收取高可靠性供电费用。电铁用电可不执行分时电价。

2017年6月，国家发展改革委印发《关于取消电气化铁路配套供电工程还贷电价的通知》（发改价格〔2017〕1005号），明确自2017年6月1日起，全面取消电网企业对铁路运输企业收取的电气化铁路配套供电工程还贷电价，铁路运输企业通过相应下浮铁路电气化附加费标准的方式等额降低铁路货物运价；已投产电气化铁路配套供电工程计入省级电网输配电有效资产，不再扣减电气化铁路配套供电工程还贷电价加价收入。

五、临时接电费

2003年12月，国家发展改革委印发《关于停止收取供配电贴费有关问题的补充通知》（发改价格〔2003〕2279号），明确临时用电的电力用户应与供电企业以合同方式约定临时用电期限并预交相应容量的临时接电费用。临时用电期限，一般不超过3年。在合同约定期限内结束临时用电的，预交的临时接电费用全部退还用户；确需超过合同约定期限的，由双方另行约定。临时接电费用收费标准，由各省（自治区、直辖市）价格主管部门会同电力行政主管部门，在2000年《国家计委、国家经贸委关于调整供电贴费标准等问题的通知》（计价格〔2000〕744号）规定的收费标准范围内，根据本地区实际情况确定。

2017年11月，国家发展改革委办公厅印发《关于取消临时接电费和明确自备电厂有关收费政策的通知》（发改办价格〔2017〕1895号），明确自2017年12月1日起，临时用电的电力用户不再缴纳临时接电费，发改价格〔2003〕2279号文中关于临时接电费的规定停止执行。

第四节　需求侧管理型电价政策

一、峰谷分时电价

峰谷分时电价也称"峰谷电价"或"分时电价"。峰谷分时电价是指根据用户用电需求，将每天的时间划分为高峰（尖峰）、平段、低谷3个时段，对各时段分别制定不同的电价水平，以引导和鼓励用户削峰填谷，提高电力资源的利用效率。它是需求侧管理的重要措施。

峰谷分时电价的制定采用的方法主要有上下浮动比例法、以峰定谷法、边际成本法等。峰谷分时电价制度能够充分发挥价格的经济杠杆作用，调动用户、发电企业和配电企业的积极性，缓和了电力供需矛盾。

为了节约电力资源，促进用户合理节约用电，1984年，水利电力部陆续批准在福建省、西南地区、华中地区试行峰谷电价，峰谷价差一般在2～3倍。

1985年5月，国务院批转国家经委等部门印发的《关于鼓励集资办电和实行多种电价的暂行规定的通知》（国发〔1985〕72号），明确为了充分利用电网低谷电量和控制高峰负荷，电网对有调整用电负荷能力的用户应采取高峰低谷电价办法。低谷电价可比现行电价低30%～50%，高峰电价可比现行电价高30%～50%。

1987年11月，水利电力部、国家经委、国家物价局联合印发《关于多种电价实施办法的通知》（〔87〕水电财字第101号），明确电网根据不同情况必须实行峰谷分时电价，峰谷时段划分要合理，原则上高峰时段不得超过低谷时段 2 小时；分时电价以电网平均电价为基础，高峰电价可为低谷电价的 2～4 倍。

1999 年 12 月，国家计委、国家经贸委印发《关于利用价格杠杆促进电力消费有关问题的通知》（计价格〔1999〕2189 号），要求大力推行峰谷和丰枯分时电价制度，拉大峰谷、丰枯价差，适当降低低谷时段、丰水期的电价水平，鼓励用户在低谷时段和丰水期多用电，降低用电成本，促使用户合理安排用电，削峰填谷，优化电力资源配置。

2000 年 12 月，国家经贸委、国家计委印发《节约用电管理办法》（国经贸资源〔2000〕1256 号），要求加速推广峰谷分时和丰枯电价，逐步拉大峰谷、丰枯电价差距。

2003 年 4 月，国家发展改革委印发《关于运用价格杠杆调节电力供求促进合理用电有关问题的通知》（发改价格〔2003〕141 号），决定大力推行峰谷分时电价，全面推行科学合理的电价制度。在上网环节引入分时电价制度，并适当扩大销售环节峰谷分时电价执行范围和峰谷价差。

2018 年 2 月，国家发展改革委、国家能源局印发《关于提升电力系统调节能力的指导意见》（发改能源〔2018〕364 号），明确在电力现货市场建立之前，通过峰谷电价、分时电价等价格机制，支持电力系统调节平衡。

2018 年 7 月，国家发展改革委、国家能源局印发《关于积极推进电力市场化交易进一步完善交易机制的通知》（发改运行〔2018〕1027 号），明确现货市场建立前，参与市场化交易的电力用户应执行峰谷电价政策，合理体现高峰用电的成本和价值差异。

2020 年 3 月，国家发展改革委办公厅、国家能源局综合司印发《关于做好电力现货市场试点连续试结算相关工作的通知》（发改办能源规〔2020〕245 号），规定充分发挥价格信号对电力生产、消费的引导作用，形成合理的季节和峰谷分时电价。

2021 年 1 月，国家发展改革委等部门印发《关于清理规范城镇供水供电供气供暖行业收费促进行业高质量发展意见的通知》（国办函

〔2020〕129 号），指出要完善电价机制，有序放开除居民、农业、重要公用事业和公益性服务以外的用电价格，逐步取消工商业目录电价。完善峰谷分时电价政策，健全差别电价机制。

2021 年 5 月，国家发展改革委印发《关于"十四五"时期深化价格机制改革行动方案的通知》（发改价格〔2021〕689 号），指出要平稳推进销售电价改革，有序推动经营性电力用户进入电力市场，完善居民阶梯电价制度。

2021 年 7 月，在完善峰谷分时电价政策的基础上，国家发展改革委印发《关于进一步完善分时电价机制的通知》（发改价格〔2021〕1093 号），要求建立尖峰电价、深谷电价机制，健全季节性电价机制。

由于各省资源禀赋、负荷特性、省情网情不同，各省峰谷分时电价政策、用户执行范围、时段划分及浮动比例均有所差异。下面以安徽为例，进行介绍。

2023 年 6 月，安徽省发展改革委、安徽省能源局印发《关于完善迎峰度夏（冬）期间用电峰谷时段划分等有关事项的通知》（皖发改价格函〔2023〕198 号），明确每年 7、8 月，用电容量 100 千伏安及以上的工商业用户每日用电高峰时段调整为 16：00—24：00，低谷时段调整为 0：00—9：00，平段时段调整为 9：00—16：00；其他月份峰谷时段保持不变，即每日 9：00—12：00、17：00—22：00 为高峰时段、23：00—次日 8：00 为低谷时段，其余时间为平段。

安徽居民用户分时电价政策见表 4-2 所列。安徽工商业用户分时电价政策见表 4-3 所列。

表 4-2　安徽居民用户分时电价政策

	高峰	平段	低谷
时段划分	—	14 小时 8：00—22：00	10 小时 22：00—次日 8：00
价格浮动比例	—	上浮 0.03 元/千瓦时	下浮 0.25 元/千瓦时

表4-3 安徽工商业用户分时电价政策

	时段划分		价格浮动比例	
	7、8月份	其他月份	1、7、8、9、12月份	其他月份
高峰	8小时 16：00－24：00	8小时 9：00－12：00 17：00－22：00	上浮81.3%	上浮71%
平段	7小时 9：00－16：00	7小时 8：00－9：00 12：00－17：00 22：00－23：00		
低谷	9小时 0：00－9：00	9小时 23：00－次日8：00	下浮58.8%	下浮58.8%

二、季节性尖峰电价

2021年7月，国家发展改革委印发《关于进一步完善分时电价机制的通知》（发改价格〔2021〕1093号），明确在保持销售电价总水平基本稳定的基础上，进一步完善目录分时电价机制，建立尖峰电价机制，要求各地要结合实际情况在峰谷电价的基础上推行尖峰电价机制。尖峰时段根据前两年当地电力系统最高负荷95%及以上用电负荷出现的时段合理确定，并考虑当年电力供需情况、天气变化等因素灵活调整；尖峰电价在峰段电价基础上上浮比例原则上不低于20%。热电联产机组和可再生能源装机占比大、电力系统阶段性供大于求矛盾突出的地方，可参照尖峰电价机制建立深谷电价机制，强化尖峰电价、深谷电价机制与电力需求侧管理政策的衔接协同，充分挖掘需求侧调节能力。

随后，多省均按照当地的用电负荷特性和气候特征，制定了季节性尖峰电价和需求响应补偿标准。以安徽为例，2021年10月，安徽省发展改革委、安徽省能源局印发《关于工商业用户试行季节性尖峰电价和需求响应补偿电价的通知》（皖发改价格〔2021〕519号），明确自2021年12月1日起，安徽省对全省工商业用户试行季节性尖峰电价。在日最低气温≤－5℃或日最高气温≥36℃时（以中央电视台一套每晚天气预报中播报的合肥温度为准），对全省执行峰谷分时电价的工商业电力用户试行尖峰电价政策，用电价格在当日高峰时段购电价格基础上每千瓦时上浮0.072元。在2023年6月，安徽省发展改革委、安徽省能源局印发《关于完善迎峰度夏（冬）期间用电峰谷时段划分等有关事项的通知》（皖发改价格函〔2023〕198号），调整了季节性尖峰电价温度触发条件，在日最低气温≤－3℃或日最高气温≥35℃时（以中央电视台一套每晚天气预报中播报的合肥温度为准），对全省执行峰谷分时电价的工商业电力用户执行尖峰电价政策，尖峰电价加价标准仍按0.072元/千瓦时执行。

三、居民阶梯电价

居民阶梯电价是指将单一形式的居民电价，改为按照用户消费的电量分段定价，用电价格随用电量增加呈阶梯状逐级递增（或递减）的一种电价定价机制，递增阶梯电价有助于促进负载平衡、能源节约以及电力消费公平。

阶梯电价一般分为2～5档，不同档次的电价随着总用电量的增加而适度增加，即在基本电力需求范围之内，按照基准电价进行收费，电价相对较低；超过基本电力需求，电价逐级递增。

2011年11月，国家发展改革委印发《关于居民生活用电试行阶梯电价的指导意见的通知》（发改价格〔2011〕2617号），明确我国将全面试行居民阶梯电价政策。我国按照满足基本用电需求、正常合理用电需求和较高生活质量用电需求，将居民用电量划分为3档，实行分档递增电价。第一档电量原则上覆盖本区域内80%居民用户的月均用电量，电价维持较低价格水平；第二档电量按照覆盖本区域内95%居民用户的月均用电量确定,电价在第一档基础上增加不低于 0.05 元/千瓦时;超出第二档的为第三档电量,电价在第一档基础上增加 0.3 元/千瓦时。具体由各省(区、市)根据本地实际情况制定居民阶梯电价实施方案,分档电量标准和执行周期各地存在差异,但各档电价加价幅度保持一致,同时要求对城乡"低保户"和农村"五保户"等困难群体采取每月 10~15 千瓦时的免费用电政策。居民阶梯电价的分档见表 4-4 所列。

表 4-4 居民阶梯电价的分档

分档	用电性质	覆盖范围	电价方案
第一档	基本用电	覆盖 80%居民的用电量	保持稳定,不做调整
第二档	正常用电	覆盖 95%居民的用电量	提价幅度不低于 0.05 元/千瓦时
第三档	高质量用电	—	提价 0.3 元/千瓦时
免费档	—	城乡"低保户"和农村"五保户"	每月 10~15 千瓦时免费电量

以安徽为例,2012 年 6 月,安徽省物价局印发《关于居民生活用电试行阶梯电价的通知》(皖价商〔2012〕121 号),明确自 2012 年 7 月 1 日起,安徽对省级电网供电区域内实行"一户一表"的城乡居民家庭生活用电实行阶梯电价政策,未实行"一户一表"的合表居民家庭用户和执行居民生活用电价格的非居民用户,暂不执行居民阶梯电价,电价每千瓦时提高 0.02 元。具体的分档电量和电价为:第一档电量为每户每月 180 千瓦时,维持原价格不变,即每千瓦时 0.5653 元;第二档电量为每户每月 181~350 千瓦时,在第一档基础上每千瓦时加价 0.05 元;第三档电量为每户每月 350 千瓦时以上电量,在第一档基础上每千瓦时加价 0.3 元。阶梯电量以一个年度为计量周期,月度滚动使用。同时,对城乡"低保户"和农村"五保户"每户每月设置 10 千瓦时免费用电基数。

四、力率调整电价

力率调整电价,指供电企业根据客户一段时间内(如一个月或年)

所使用的有无功电量来计算其平均功率因数，并据此收取相关电费的价格。

力调电费是为了保证电网的电能质量而引入的一种奖惩措施，主要针对工业用户。凡实行功率因数调整电费的用户，应装设带有防倒装置的无功电度表，按用户每月实用有功电量和无功电量，计算月平均功率因数，并根据 1983 年 12 月水利电力部、国家物价局印发的《关于颁发〈功率因数调整电费办法〉的通知》（水电财字〔1983〕215 号）中的功率因数调整电费比例对照表，按月进行考核。一般来说，电力用户通过加强管理和技术改造，可以提高功率因数，从而实现减少功率因数惩罚电费，甚至获得奖励收益。

目前，我国功率因数调整电费的计算和执行依然按照水电财字〔1983〕215 号的相关规定执行，功率因数的标准值及其适用范围如下：

① 功率因数标准 0.90，适用于 160 千伏安以上的高压供电工业用户（包括社队工业用户）、装有带负荷调整电压装置的高压供电电力用户和 3200 千伏安及以上的高压供电电力排灌站；

② 功率因数标准 0.85，适用于 100 千伏安（千瓦）及以上的其他工业用户（包括社队工业用户）、100 千伏安（千瓦）及以上的非工业用户和 100 千伏安（千瓦）及以上的电力排灌站；

③ 功率因数标准 0.80，适用于 100 千伏安（千瓦）及以上的农业用户和趸售用户，但大工业用户未划由电业直接管理的趸售用户，功率因数标准应为 0.85。

1984 年 3 月，华东电业管理局印发《关于功率因数调整电费办法的实施说明》（华东电供字〔1984〕204 号）对水电财字〔1983〕215 号的相关内容实施进行了补充说明：

①《功率因数调整电费办法》适用范围中，高压供电用户以变压器铭牌容量和不经变压器的高压电动机容量为准，低压供电用户以用电设备总容量（包括动力和照明）为准。

② 单台变压器受电的高压供电电力排灌站，变压器容量 3150 千伏安视同 3200 千伏安。

③ 不论高压供电或低压供电者，计算功率因数均包括照明的有功、无功电量，计算功率因数调整电费时均包括照明电费。

④ 高压供电低压量电的用户，暂不装设反向无功电度表。

⑤ 趸售县有大工业用户未划归电业接管理的，不论户数多少，均实行 0.85 功率因数标准值。

⑥ 趸售县的功率因数计算，包括全部有功、无功电量功率因数调整电费。

⑦ 农村配电变压器综合用电户暂缓实行《功率因数调整电费办法》。

⑧ 临时用电不实行《功率因数调整电费办法》。

⑨ 根据电网需要，对大用户要实行高峰功率因数考核或试行高峰低谷两个时段分别计算功率因数考核，则由省电力局拟定办法，经网局核定，转报水利电力部审批后执行。

2004 年 3 月，国家发展改革委印发《关于安徽省峰谷分时电价实施办法的批复》（发改价格〔2004〕512 号），明确功率因数调整电费在对用户按分时电价计费的总电费金额基础上计算增减电费。

五、可中断负荷电价

可中断负荷，指在电网高峰时段或紧急情况下，按照用户与电网企业签订的合同约定，在不影响用电安全的前提下，可以中断或削减的用电负荷。可中断负荷是在电力负荷供应基本平衡而略有亏欠时削峰的主要方式之一，由于中断部分负荷会对电力客户的生产造成一定影响，因此，电网企业对这部分中断负荷给予补偿，体现这部分补偿的电价即可中断负荷电价。

可中断负荷管理在许多国家广泛应用于冶金、水泥、造纸、纺织等工业用户，并取得显著的调峰效果，用户也减少了电费支出。在电力紧张时期，可中断负荷是削峰的主要方式，也是对峰谷分时电价的补充。

2002 年国务院办公厅印发的《电力体制改革方案》和 2005 年国家发展改革委印发的《销售电价管理暂行办法》均明确指出：具备条件的地区，销售电价可实行可中断负荷电价。随后，部分省份也对可中断负荷进行了实践，取得了一定的效果。目前，可中断负荷多与需求侧响应实施相衔接。如 2022 年 10 月，江苏省发展改革委印发《江苏省电力需求响应实施细则（修订征求意见稿）》，规定对通过需求响应临时性减少（错避峰）的负荷按照其响应调控时间和响应速度执行可中断负荷电价。需求响应可中断负荷电价为调控时长对应电价标准乘以响应速度系数。

六、约束惩罚型电价

（一）差别电价

2004 年 9 月，国家发展改革委、国家电监会印发《关于进一步落实差别电价及自备电厂收费政策有关问题的通知》（发改电〔2004〕159号），明确各地要按照国家产业政策，对电解铝、铁合金、电石、烧碱、水泥、钢铁等 6 个高耗能行业区分淘汰类、限制类、允许和鼓励类企业试行差别电价。对允许和鼓励类企业，电价随各地工业电价统一调整；对限制类和淘汰类企业，电价在以上基础上再分别提高每千瓦时 0.02 元和 0.05 元。

2005 年 11 月，国家发展改革委印发《关于继续实行差别电价政策有关问题的通知》（发改价格〔2005〕2254 号），指出差别电价政策对遏制高耗能行业盲目发展，扶优抑劣、促进结构调整和产业升级，提高能源利用效率，促进经济、环境与资源的协调发展起到了积极的作用，是非常必要和及时的。

2006 年 9 月，国务院办公厅转发《国家发展改革委印发关于完善差别电价政策意见的通知》（国办发〔2006〕77号），对差别电价政策进行了完善：一是扩大差别电价实施范围，将黄磷、锌冶炼也纳入政策范围，并印发《部分高耗能产业实行差别电价目录》，明确8个高耗能行业淘汰类、限制类的划分标准；二是大幅度提高差别电价实施力度，分3年将淘汰类电价提高标准从0.05元提高到0.2元，限制类由0.02元提高到0.05元；三是明确差别电价增加的电费收入作为政府性基金全额上缴中央国库。

2007年4月，国家发展改革委、国家电监会印发《关于坚决贯彻执行差别电价政策禁止自行出台优惠电价的通知》（发改价格〔2007〕773号），要求各地对照国办发〔2006〕77号文件规定，立即开展差别电价执行自查自纠，坚决制止违规行为，并要求电网企业严格执行国家电价政策。

2007年10月，国家发展改革委、财政部、国家电监会印发《关于进一步贯彻落实差别电价政策有关问题的通知》（发改价格〔2007〕2655号），规定：一是对差别电价收入用途进行调整，要求将电网企业执行差别电价增加的电费收入全额上缴地方国库，纳入省级财政预算，实行"收支两条线"管理，专项用于支持当地经济结构调整和节能减排工作；二是取消国家对电解铝、铁合金和氯碱企业的电价优惠政策支持，立即停止执行各地自行印发对高耗能企业的优惠电价措施。

2010年5月，国家发展改革委、国家电监会、国家能源局印发《关于清理对高耗能企业优惠电价等问题的通知》（发改价格〔2010〕978号），坚决制止各地自行出台优惠电价措施，同时进一步加大差别电价政策实施力度，自2010年6月1日起将限制类加价由每千瓦时0.05元提高到0.1元，将淘汰类加价从0.2元提高到0.3元。在此基础上，允许各地进一步提高淘汰类和限制类差别电价。

（二）超能耗产品惩罚性电价

惩罚电价的实施是为了抑制高耗能企业盲目发展，促进经济发展方式转变和经济结构调整。惩罚电价一方面是指对超限额产品实行惩罚性电价；另一方面是指对能耗水平不达标的企业，督促整改后仍不达标的按相关规定执行惩罚性电价。发改价格〔2010〕978 号明确，对能耗超过国家或地方规定的单位产品能耗（电耗）限额标准的企业和产品，实行惩罚性电价，具体为：对能源消耗超过国家和地方规定的单位产品能耗（电耗）限额标准的，实行惩罚性电价。超过限额标准一倍以上的，比照淘汰类电价加价标准执行；超过限额标准一倍以内的，由省级价格主管部门会同电力监管机构制定加价标准。各省在国家文件要求的基础上对加价标准、实行企业和产品范围进行明确，并确定具体企业名单。

（三）高耗能阶梯电价（电解铝、水泥、钢铁）

2013 年 12 月，国家发展改革委、工业和信息化部印发《关于电解铝企业用电实行阶梯电价政策的通知》（发改价格〔2013〕2530 号），明确自 2014 年 1 月 1 日起对电解铝企业用电实行阶梯电价：一是电解铝企业铝液电解交流电耗不高于 13700 千瓦时/吨的，不加价；高于 13700 千瓦时/吨，但不高于 13800 千瓦时/吨的，其铝液电解用电每千瓦时加价 0.02 元；高于 13800 千瓦时/吨的，其铝液电解用电每千瓦时加价 0.08 元。二是实行阶梯电价增加的加价电费，10% 留在电网企业弥补执行阶梯电价增加的成本，90% 归地方政府使用，主要用于奖励能效先进企业，支持企业节能技术改造、淘汰落后和转型升级。

2021 年 8 月，国家发展改革委印发《关于完善电解铝行业阶梯电价政策的通知》（发改价格〔2021〕1239 号），规定按铝液综合交流电耗对电解铝行业阶梯电价进行分档，分档标准为每吨 13650 千瓦时。电解铝企业铝液综合交流电耗不高于分档标准的，铝液生产用电量不加价；高于分档标准的，每超过 20 千瓦时，铝液生产用电量每千瓦时加价 0.01 元，不足 20 千瓦时的按 20 千瓦时计算。自 2023 年起，分档标准调整为铝液综合交流电耗每吨13450千瓦时（不含脱硫电耗）；自2025年起，分档标准调整为铝液综合交流电耗每吨13300千瓦时（不含脱硫电耗）。部分高耗能产业差别电价标准见表4-5所列。

表4-5　部分高耗能产业差别电价标准　单位：元/千瓦时

行业		2006年10月1日以前	2006年10月1日起	2007年1月1日起	2008年1月1日起	2010年6月1日起
电解铝、铁合金、钢铁、电石、烧碱、水泥、黄磷、锌冶炼	淘汰类	0.05	0.1	0.15	0.2	0.3
	限制类	0.02	0.03	0.04	0.05	0.1

第五章 政府性基金及附加管理与实践

政府性基金及附加是指各级人民政府及其所属部门根据法律、行政法规和中共中央、国务院文件规定，为支持特定公共基础设施建设和公共事业发展，向公民、法人和其他组织无偿征收的具有专项用途的财政资金，包括各种基金、资金、附加和专项收费，即政府通过设立政府性基金并对其用途进行规定，专款专用，补上缺乏的资金。

国家为解决电力建设一些特殊问题，曾出台电力建设基金、电源基地建设基金、城市公用事业附加费等政策，但随着社会经济的发展，国家逐步取消了部分基金附加项目。目前，我国随电价征收的政府性基金主要有3项，分别是国家重大水利工程建设基金、可再生能源发展基金、大中型水库移民扶持基金。

第一节 国家重大水利工程建设基金

国家重大水利工程建设基金属于"特别课征类"基金，是国家为支持南水北调工程建设、解决三峡工程后续问题以及加强中西部地区重大水利工程建设而设立的政府性基金。

2009 年 12 月，财政部、国家发展改革委和水利部联合印发《国家重大水利工程建设基金征收使用管理暂行办法》（财综〔2009〕90 号），明确重大水利基金从 2010 年 1 月 1 日起开始征收，至 2019 年 12 月 31 日止。同时，对全国 30 个省（市、区）的具体征收标准分别进行规定。

一、征收对象和征收范围

重大水利基金根据纳入计征范围的销售电量和国家规定的征收标准计征。

纳入计征范围的销售电量主要包括扣除国家扶贫开发工作重点县农业排灌用电后的全部销售电量，具体包括：省级电网企业销售给电力用户的电量；省级电网企业扣除合理线损后的趸售电量（即实际销售给转供单位的电量）；省级电网企业销售给子公司的电量和对境外销售电量；企业自备电厂自发自用电量；地方独立电网销售电量（不含省级电网企业销售给地方独立电网企业的电量）；跨省（自治区、直辖市）电力交易，计入受电省份销售电量。

2013 年 11 月，财政部印发《关于对分布式光伏发电自发自用电量免征政府性基金有关问题的通知》（财综〔2013〕103 号），明确自 2013 年 11 月 19 日起，对分布式光伏发电自发自用电量免收可再生能源电价附加、国家重大水利工程建设基金、大中型水库移民后期扶持基金、农网还贷资金 4 项针对电量征收的政府性基金。

以安徽为例，安徽区域征收范围为扣除国家扶贫开发工作重点县农业排灌用电后的全部销售电量和规定征收标准计征。

二、征收标准

2009 年 12 月，财政部、国家发展改革委和水利部联合印发《国家重大水利工程建设基金征收使用管理暂行办法》（财综〔2009〕90 号），对各地区缴纳国家重大水利工程建设基金的征收标准及基准进行了规定。

2017年6月，财政部印发《关于降低国家重大水利工程建设基金和大中型水库移民后期扶持基金征收标准的通知》（财税〔2017〕51号），明确自2017年7月1日起，将国家重大水利工程建设基金和大中型水库移民后期扶持基金的征收标准统一降低25%。

2018年4月，财政部印发《关于降低部分政府性基金征收标准的通知》（财税〔2018〕39号），明确自2018年7月1日起，将国家重大水利工程建设基金征收标准在按照财税〔2017〕51号文降低25%的基础上，再统一降低25%。调整后的征收标准＝按照财综〔2009〕90号文规定的征收标准×（1－25%）×（1－25%）。

2019年4月，财政部印发《关于调整部分政府性基金有关政策的通知》（财税〔2019〕46号），明确自2019年7月1日起，将国家重大水利工程建设基金征收标准降低50%，国家重大水利工程建设基金征收至2025年12月31日。

第二节　大中型水库移民后期扶持基金

大中型水库移民后期扶持基金属于"特别课征类"基金，隶属于中央水库移民扶持基金，是国家为扶持大中型水库农村移民解决生产生活问题而设立的政府性基金。

2006年10月，国务院印发《关于完善大中型水库移民后期扶持政策的意见》（国发〔2006〕17号），要求提高省级电网公司在本省（区、市）区域内全部销售电量（扣除农业生产用电）的电价，提价收入专项用于水库移民后期扶持。

一、征收对象和征收范围

大中型水库移民后期扶持基金征收范围是除西藏以外所有省份扣除农业生产用电后的全部销售电量。

二、征收标准

大中型水库移民后期扶持资金从 2006 年 6 月 30 日起开始征收，征收标准为 1.6～8.27 元/千千瓦时。

2017 年 6 月，财政部印发《关于降低国家重大水利工程建设基金和大中型水库移民后期扶持基金征收标准的通知》（财税〔2017〕51 号），明确自 2017 年 7 月 1 日起，将国家重大水利工程建设基金和大中型水库移民后期扶持基金的征收标准统一降低 25%。现行征收标准为 1.6～6.23 元/千千瓦时。

第三节　可再生能源电价附加

可再生能源电价附加在分类中属于"准税收"国家性政府基金，是为扶持可再生能源发展，随电价收取的附加费。

2006 年 1 月 1 日起，《中华人民共和国可再生能源法》正式实施，明确国家财政设立可再生能源发展专项资金用于支持可再生能源开发、利用、系统建设、资源勘查及评价等，并提出电网企业收购可再生能源电量高于按照常规能源发电平均上网电价计算所发生费用之间的差额，附加在销售电价中分摊。

2011 年 11 月，财政部会同国家发展改革委、国家能源局共同印发《可再生能源发展基金征收使用管理暂行办法》（财综〔2011〕115 号），可再生能源发展基金正式成立，同时办法明确区分了发展专项资金和电价附加收入各自的使用方法。可再生能源发展基金包括两部分，一是国家财政公共预算安排的专项资金，二是依法向电力用户征收的可再生能源电价附加收入，其中可再生能源电价附加收入全额上缴中央国库。

一、征收对象和征收范围

可再生能源电价附加在除西藏自治区以外的全国范围内，对各省、自治区、直辖市扣除农业生产用电（含农业排灌用电）后的销售电量征收。

二、征收标准

2011 年印发的财综〔2011〕115 号文明确，自 2012 年 1 月 1 日起，可再生能源电价附加征收标准为 0.008 元/千瓦时，征收标准可以适时调整。

2013 年 9 月，国家发展改革委印发《关于调整可再生能源电价附加标准与环保电价有关事项的通知》（发改价格〔2013〕1651 号），明确自 2013 年 9 月 25 日起，将向除居民生活和农业生产以外其他用电征收的可再生能源电价附加标准由每千瓦时 0.008 元提高至 0.015 元。

2016 年 7 月，财政部、国家发展改革委印发《关于提高可再生能源发展基金征收标准等有关问题的通知》（财税〔2016〕4 号），明确自 2016 年 1 月 1 日起，将各省（自治区、直辖市，不含新疆维吾尔自治区、西藏自治区）居民生活和农业生产以外全部销售电量的基金征收标准，由每千瓦时 0.015 元提高到每千瓦时 0.019 元。

第四节 其他政府性基金及附加

一、地方水库后期扶持基金

地方水库后期扶持基金是国家为解决地方水库移民的困难和现有后期扶持项目续建问题而设立的政府性基金，其同大中型水库移民后期扶持基金一致，自 2007 年 12 月 1 日起开始征收。地方水库后期扶持基金又细分为省级大中型水库库区基金和小型水库移民扶助基金 2 种。

地方水库后期扶持基金的征收范围和对象为除农业生产用电外的销售电量。

2006 年 7 月，国家发展改革委印发《关于调整华东电网电价的通知》（发改价格〔2006〕1230 号），明确适当提高电价筹集水库移民后期扶持资金，上海、浙江、江苏、安徽、福建电网水库移民后期扶持资金提取标准均为每千瓦时 0.0083 元。在上述标准基础上，安徽省、福建省每千瓦时再提取 0.0005 元用于解决地方水库、水电站移民后期扶持问题。

2016 年 1 月，财政部印发《关于取消、停征和整合部分政府性基金项目等有关问题的通知》（财税〔2016〕11 号），明确将大中型水库移民后期扶持基金、跨省（区、市）大中型水库库区基金、三峡水库库区基金合并为中央水库移民扶持基金，将省级大中型水库库区基金、小型水库移民扶助基金合并为地方水库移民扶持基金。

2017 年 3 月，财政部印发《关于取消、调整部分政府性基金有关政策的通知》（财税〔2017〕18 号），明确在"十三五"期间，自治区、直辖市人民政府可以结合当地经济发展水平、相关公共事业和设施保障状况、社会承受能力等因素，自主决定免征、停征或减征地方水利建设基金、地方水库移民扶持基金。

二、城市公用事业附加费

城市公用事业附加是指随公用事业单位收取公用事业费所征收的附加费，城市公用事业附加在分类中属于"准税收"国家性基金及附加。征收范围限于城市，主要项目包括工业用电、工业用水、公共汽车、民用自来水、民用照明用电、电话、煤气、轮渡等。公用事业附加是城市建设资金的来源之一，主要用于城市维护费支出。

1964 年 6 月，财政部印发《关于征收城市公用事业附加的几项规定》（〔64〕财预王字第 380 号），明确自 1964 年开始征收城市公用事业附加，对征收范围和征收标准做了规定。

1978 年 12 月，财政部印发《关于颁发工业比较集中的县镇开征公用事业附加的几项规定的通知》（〔78〕建发城字第 584 号，〔78〕财预字第 126 号），对城市公用事业附加征收范围和附加率进行了调整。

2007 年 1 月，财政部印发《关于延续农网还贷资金等 17 项政府性基金政策问题的通知》（财综〔2007〕3 号），对其征收使用办法进行调整和完善。

2017 年 3 月，财政部印发《关于取消、调整部分政府性基金有关政策的通知》（财税〔2017〕18 号），明确自 2017 年 4 月 1 日起取消城市公用事业附加基金。

三、工业企业结构调整专项基金

2016 年 1 月，财政部印发《关于征收工业企业结构调整专项资金有关问题的通知》（财税〔2016〕6 号），明确为支持工业企业结构调整，经国务院批准，对征收工业企业结构调整专项资金进行调整，自 2016 年 1 月 1 日起施行。专项资金在全国范围按照燃煤和可再生能源发电机组上网电量（含市场化交易电量）、燃煤自备电厂自发自用电量和规定的征收标准计征，由财政部驻各省（区、市）财政监察专员办事处负责征收，专项资金按月征收，实行国库集中收缴。

为进一步减轻企业负担，促进实体经济发展，2017 年 6 月，财政部印发《关于取消工业企业结构调整专项资金的通知》（财税〔2017〕50 号），明确自 2017 年 7 月 1 日起取消工业企业结构调整专项资金，财税〔2016〕6 号文同时废止。

第六章 新型市场主体价格机制

2021 年 3 月，习近平总书记在中央财经委员会第九次会议上提出构建以新能源为主体的新型电力系统，确立了新型电力系统在实现"碳达峰、碳中和"目标中的基础地位，为能源电力发展提供了根本指引。

第一节 绿色电力证书

绿色电力证书简称绿证，是国家对可再生能源电量颁发的具有特殊标识代码的证书，每 1000 千瓦时为 1 个绿证单位，是非水可再生能源发电量的确认和属性证明以及消费绿色电力的唯一凭证。

一、补贴绿证制度

2017 年 2 月，国家发展改革委、财政部、国家能源局印发《关于试行可再生能源绿色电力证书核发及自愿认购交易制度的通知》（发改能源〔2017〕132 号），明确绿证是国家对发电企业每兆瓦时非水可再生能源上网电量颁发的具有独特标识代码的电子证书，是非水可再生能源发电量的确认和属性证明，以及消费绿色电力的唯一凭证。结算标准为 1 个绿证＝1000 千瓦时电量，交易主体为陆上风电、集中式光伏发电企业，交易价格不高于可再生能源度电补贴标准，由买卖双方自行协商或者通过竞价方式确定。各交易主体出售绿证后，相应的电量不再享受国家补贴。

二、消纳权重机制

2019 年 5 月，国家发展改革委、国家能源局印发《关于建立健全可再生能源电力消纳保障机制的通知》（发改能源〔2019〕807 号），明确各省可再生能源电力消纳责任的最低权重和激励性权重，责任主体为各售电企业和电力用户协同承担。计算方法为：（本区域生产且消纳的可再生能源电量＋年净输入可再生能源电量）÷本区域年全社会用电量。核算方式主要为实际消纳可再生能源电量，也可通过向市场主体购买超额消纳量以及认购绿证证书补充完成。

三、平价绿证制度

2019 年 1 月，国家发展改革委、国家能源局印发《关于积极推进风电、光伏发电无补贴平价上网有关工作的通知》（发改能源〔2019〕19 号），提出风电、光伏发电平价上网项目和低价上网项目，可按国家可再生能源绿色电力证书管理机制和政策获得可交易的绿证，通过出售绿证获得收益。

第二节　绿色电力交易

为深入贯彻落实中共中央、国务院关于力争 2030 年前实现碳达峰、2060 年前实现碳中和战略部署，加快建立有利于促进绿色能源生产消费的市场体系和长效机制，推动构建以新能源为主体的新型电力系统，国家发展改革委、国家能源局组织国家电网公司、南方电网公司制定了《绿色电力交易试点工作方案》（以下简称《方案》），并于 2021 年 9 月正式批复。自此，我国正式开启绿色电力交易。

根据《方案》，绿色电力交易特指以绿色电力产品为标的物的电力中长期交易，用以满足电力用户购买、消费绿色电力需求，并提供相应的绿色电力消纳认证。交易主体为优先安排完全市场化的绿色电力，如部分省份市场化绿色电力规模有限，可以考虑组织用户向电网企业购买享有补贴及其保障收购的绿色电力，产生的收益对冲可再生能源补贴。交易方式可通过省内交易和省间交易两种方式开展。价格机制分为 2 种：一是通过电力直接交易，交易价格由发电企业与电力用户、售电企业通过双边协商、集中撮合等方式形成。二是通过向电网企业购买，以挂牌、集中竞价等方式形成交易价格。绿色电力试点交易初期，按照平稳起步的原则，可参考绿色电力供需情况合理设置交易价格上、下限，待市场成熟后逐步取消。关于绿证机制，需做好绿电交易与绿证机制的衔接，建立全国统一的绿证制度，由国家能源局根据电力交易试点需要，向北京电力交易中心、广州电力交易中心批量核发绿证。

2022—2023 年，国家陆续出台《关于有序推进绿色电力交易有关事项的通知》（发改办体改〔2022〕821 号）、《关于享受中央政府补贴的绿电项目参与绿电交易有关事项的通知》（发改体改〔2023〕75 号），交易主体从最初的风电、光伏发电项目，扩大至符合条件的水电、生物质发电、光热发电、地热发电各类可再生能源，到目前享受补贴项目可参与绿电交易。补贴核减分为 2 种情况：一是对于发电企业放弃补贴的，参与绿电交易的全部收益归发电企业所有。二是对于发电企业不放弃补贴的，参与绿电交易时，高于项目所执行的煤电基准电价的溢价收益，等额冲抵国家补贴。同时明确加强绿电交易和绿证的衔接，"证电合一"模式进一步提高了绿电绿证的交易成交量。

第三节　新型储能价格机制

新型储能包括除抽水蓄能外的其他所有可输出电力的储能技术。2021 年 9 月，国家能源局印发《新型储能项目管理规范（暂行）》（国能发科技规〔2021〕47 号），指出新型储能指除抽水蓄能外以输出电力为主要形式，并对外提供服务的储能项目。新型储能电站具有建设周期较短、选址简单灵活、响应速度快等优势，能够发挥顶峰、调峰、爬坡等作用，提高电力系统柔韧性。

一、分类

（一）按配置地点划分

2021 年 9 月，国家能源局印发《电网公平开放监管办法》（国能发监管规〔2021〕49 号），明确储能包括电源侧储能、电网侧储能和用户侧储能等。电源侧储能也叫发电侧储能、供电侧储能，指装设并接入常规电厂、风电场、光伏电站等电源厂站内部的储能设施。电网侧储能是指在专用站址建设、直接接入公用电网的储能设施。用户侧储能是指在用户内部场地或邻近地区建设的储能设施。

（二）按运营模式划分

储能电站的商业模式涉及独立储能、共享储能等概念。独立储能电站的特点为独立计量控制。2022 年 5 月，国家发展改革委办公厅、国家能源局综合司印发《关于进一步推动新型储能参与电力市场和调度运用的通知》（发改办运行〔2022〕475 号），对独立储能电站的定义为：具备独立计量、控制等技术条件，接入调度自动化系统可被电网监控和调度，符合相关标准规范和电力市场运营机构等有关方面要求，具有法人资格的新型储能项目，可转为独立储能，作为独立主体参与电力市场。一般来说，电网侧储能均为独立储能电站；以配建实物（非金融）形式存在的电源侧储能，通过技术改造满足独立计量、控制等同等技术要求时，也可作为独立储能电站。未改造的电源侧储能不是独立储能。

共享储能的特点为商业共享运营模式，本质上是一种商业运营模式，指将由第三方投资的集中式独立储能电站，作为出租方将储能容量以商品形式租赁给一个或多个目标客户的一种商业运营模式。

二、相关政策

（一）国家政策

2021 年 5 月，国家能源局印发《关于 2021 年风电、光伏发电开发建设有关事项的通知》（国能发新能〔2021〕25 号），首次将新型储能作为市场化落实并网条件之一。

2021 年 5 月，国家发展改革委印发《关于"十四五"时期深化价格机制改革行动方案的通知》（发改价格〔2021〕689 号），明确要求深入推进能源价格改革，继续推进输配电价改革，持续深化上网电价市场化改革，完善风电、光伏发电、抽水蓄能价格形成机制，建立新型储能价格机制。

2021 年 7 月，国家发展改革委、国家能源局印发《关于鼓励可再生能源发电企业自建或购买调峰能力增加并网规模的通知》（发改运行〔2021〕1138 号），首次在国家层面明确自建/购买调峰储能的比例，要求超过电网企业保障性并网以外的规模初期按照功率 15％的挂钩比例（时长 4 小时以上）配建调峰能力，按照 20％以上挂钩比例进行配建的优先并网；超过电网企业保障性并网以外的规模初期按照 15％的挂钩比例购买调峰能力，鼓励按照 20％以上挂钩比例购买。

2021 年 7 月，国家发展改革委、国家能源局印发《关于加快推进新型储能发展的指导意见》（发改能源规〔2021〕1051 号），对我国新型储能发展规模作出了总体部署，提出到 2025 年，新型储能装机容量达到 3000 万千瓦以上。大力推进电源侧储能项目建设，通过储能协同优化运行保障新能源高效消纳利用，为电力系统提供容量支撑及一定调峰能力。积极推动电网侧储能合理化布局，通过在电网末端、偏远地区等关键节点布局电网侧储能，提升系统灵活调节能力、安全稳定水平、电网供电能力、应急供电保障能力，延缓输变电升级改造需求。积极支持用户侧储能多元化发展，探索储能融合发展新场景，结合体制机制综合创新，探索智慧能源、虚拟电厂等多种商业模式。

2022 年 1 月，国家发展改革委、国家能源局印发《"十四五"新型储能发展实施方案》（发改能源〔2022〕209 号），提出到 2025 年，新型储能由商业化初期步入规模化发展阶段，具备大规模商业应用条件，市场环境和商业模式基本成熟。

2022 年 6 月，国家发展改革委、国家能源局印发《关于进一步推动新型储能参与电力市场和调度运用的通知》（发改办运行〔2022〕475 号），要求建立完善适应储能参与的市场机制，鼓励新型储能自主选择参与电力市场，坚持以市场化方式形成价格，持续完善调度运行机制，发挥储能技术优势，提升储能总体利用水平，保障储能合理收益，促进行业健康发展。新型储能可作为独立储能参与电力市场，鼓励新能源场站和配建储能联合参与电力市场。加快推动独立储能参与中长期市场和现货市场。鉴于现阶段储能容量相对较小，鼓励独立储能签订顶峰时段和低谷时段市场合约，发挥移峰填谷和顶峰发电作用。独立储能向电网送电的，其相应充电电量不承担输配电价和政府性基金及附加。

2023 年 1 月，国家能源局印发《2023 年能源监管工作要点》（国能发监管〔2023〕4 号），明确要求推动调频、备用等品种市场化，不断引导虚拟电厂、新型储能等新型主体参与系统调节。

2023 年 3 月，国家能源局印发《关于加快推进能源数字化智能化发展的若干意见》，提出提升用户侧分布式电源与新型储能资源智能高效配置运行优化控制。

（二）各省价格政策

1. 山东

2021 年 4 月，山东省发展和改革委员会、山东省能源局、国家能源局山东监管办公室印发《关于开展储能示范应用的实施意见》（鲁发改能源〔2021〕254 号），提出建立储能优先参与调峰的调度机制，储能充放电量损耗部分按照工商业及其他用电单一制电价方式结算。

2022 年 8 月，山东省发展和改革委员会、山东省能源局、国家能源局山东监管办公室印发《关于促进我省新型储能示范项目健康发展的若干措施》（鲁发改能源〔2022〕749 号），提出推动独立储能示范项目积极参与电力现货交易，对参与电力现货市场的储能示范项目给予容量补偿，补偿费用暂按电力市场规则中独立储能月度可用容量补偿标准的两倍执行，相关容量补偿费用暂从用户侧收取。

2. 浙江

2021 年 11 月，浙江省发展和改革委员会、浙江省能源局印发《关于浙江省加快新型储能示范应用的实施意见》（浙发改能源〔2021〕393 号），明确非市场情况下，调峰项目的充放电损耗电量暂纳入全省电网线损统计范畴，并对调峰项目给予容量补偿，补偿标准逐年退坡，补贴期暂定 3 年（按 200 元/千瓦·年、180 元/千瓦·年、170 元/千瓦·年退坡）。

3. 河南

2022 年 8 月，河南省发展和改革委员会印发《河南省"十四五"新型储能发展实施方案》（豫发改电力〔2022〕702 号），明确加大示范项目支持力度，储能电站每年调用完全充放电次数原则上不低于 350 次。鼓励新能源企业以容量租赁模式满足储能配置要求，提出电化学共享储能（包含独立储能）容量租赁参考价为 200 元/千瓦时·年。

2023 年 7 月，河南省人民政府办公厅印发《关于加快新型储能发展的实施意见》（豫政办〔2023〕25 号），明确储能设施充电执行谷段电价政策，每日 23 时至次日 7 时谷段充电电价按平段电价的 41% 执行。2025 年年底前迎峰度夏（冬）期间，独立储能项目按照电网调度指令在高峰（含尖峰）时段放电的，由电网企业收购，上网电价按照当月煤电市场化交易均价的 1.64 倍执行。

4. 湖南

2023 年 3 月，湖南省发展和改革委员会印发《湖南省新型储能容量市场化交易试点方案》（湘发改能源规〔2022〕1051 号），明确湖南建立全国首个新型储能容量交易市场试点，推动新能源企业与新型储能进入市场进行储能容量租赁和购买交易，湖南省 63 万千瓦储能企业将参与该市场，预计全年可疏导储能成本近 2 亿元。新能源企业与新型储能在市场申报并出清，交易中心出具结算依据，由新能源企业与新型储能直接结算，电网企业不参与结算。

5. 江苏

2023 年 7 月，江苏在《关于印发加快推动我省新型储能项目高质量发展的若干措施的通知》（征求意见稿）中明确，在迎峰度夏（冬）期间（1、7、8、12 月），原则上全容量充放电调用次数不低于 160 次或放电时长不低于 320 小时，不结算充电费用，放电上网电量价格为全省燃煤发电基准价 0.391 元/千瓦时。在非迎峰度夏（冬）期间（2—6 月、9—11 月），放电电量上网价格为全省燃煤发电基准价，充电电量按全省燃煤发电基准价的 60% 结算。与电力调度机构签订并网调度协议的独立储能项目，在 2023 年至 2026 年 1 月的迎峰度夏（冬）期间，依据其放电上网电量给予顶峰费用支持，顶峰费用逐年退坡，顶峰费用从尖峰电价资金中列支。

6. 新疆

2023 年 5 月，新疆维吾尔自治区发展改革委印发《关于建立健全支持新型储能健康有序发展配套政策的通知》（新发改规〔2023〕5 号），明确对全区建成并网的独立储能电站实施容量补偿。2025 年年底前，补偿标准按放电量计算，2023 年暂定 0.2 元/千瓦时，2024 年起逐年递减 20%（即 2024 年补偿标准为 0.16 元/千瓦时、2025 年补偿标准为 0.128 元/千瓦时）。补偿所需资金暂由全体工商业用户共同分摊。

第四节　抽水蓄能电站价格机制

一、我国抽水蓄能电站建设情况

作为目前技术最为成熟、运行最为可靠、成本最具经济性且生态环保效益最为明显的大规模储能方式，抽水蓄能电站具有启停时间短、调节速度快、工况转换灵活的特性，可以有效解决新能源发电运行过程中的电力不稳定问题，将其转化为系统友好、安全可靠的稳定电力输出，被喻为电网的"调节器""稳压器""平衡器"，已经成为电力系统越来越稀缺的调节资源。

《抽水蓄能中长期发展规划（2021—2035 年）》《"十四五"现代能源体系规划》及《"十四五"可再生能源发展规划》等规划明确，到 2025 年我国抽水蓄能装机规模要达到 6200 万千瓦以上，在建装机规模 6000 万千瓦，到 2030 年抽蓄规模达到 1.2 亿千瓦；要求各地按能核尽核、能开尽开原则，在规划重点实施项目库内核准建设抽水蓄能电站，预计未来重点实施（340 座、4.21 亿千瓦）和储备项目（247 座、3.05 亿千瓦）总投资将超 4 万亿元。

根据水规总院数据，截至 2023 年 3 月底，我国已建抽水蓄能电站总装机规模 4699 万千瓦，核准在建装机规模 1.32 亿千瓦，相比 2020 年分别增长 49% 和 190%。

二、抽水蓄能容量电费价格机制

2004 年以来，我国逐步建立起抽水蓄能电站政策机制，具体包括建设规划、电价模式、电费回收、机组运营考核等方面政策，其中，电价形成机制是影响抽水蓄能电站发展的核心。

2004 年以前，抽水蓄能电站原则上由电网企业建设和管理，具体规模、投资与建设条件由国务院投资主管部门严格审批，其建设和运行成本纳入电网运行费用统一核定。

2004 年 1 月，国家发展改革委印发《关于抽水蓄能电站建设管理有关问题的通知》（发改能源〔2004〕71 号），规定抽水蓄能电站主要由电网企业进行建设和管理，建设和运行成本纳入电网运行费用统一核定。

2007 年 7 月，国家发展改革委印发《关于桐柏、泰安抽水蓄能电站电价问题的通知》（发改价格〔2007〕1517 号），进一步细化规定：发改能源〔2024〕71 号文印发后审批的抽蓄电站，由电网企业全资建设，不再核定电价，其成本纳入电网运行费用统一核定；发改能源〔2024〕71 号文印发前审批但未定价的抽蓄电站，作为遗留问题由电网企业租赁经营，租赁费按照补偿固定成本和合理收益的原则核定。核定的抽蓄电站租赁费原则上由电网企业消化 50％，发电企业和用户各承担 25％。

2011 年 7 月，国家能源局印发《关于进一步做好抽水蓄能电站建设的通知》（国能新能〔2011〕242 号），再次强调抽蓄电站建设运行成本纳入电网运行费用。

2004—2014 年，租赁费由电网企业消化 50％，发电企业和用户各承担 25％，发电企业承担的部分通过电网企业在用电低谷招标采购抽水电量解决，用户承担的部分纳入销售电价调整方案统筹解决。

2014 年，国家发展改革委分别印发《关于完善抽水蓄能电站价格形成机制有关问题的通知》（发改价格〔2014〕1763 号）和《关于促进抽水蓄能电站健康有序发展有关问题的意见》（发改能源〔2014〕2482号），明确在电力市场形成前，抽蓄电站实行两部制电价。其中，容量电价按照弥补抽蓄电站固定成本及准许收益的原则核定，逐步对新投产的抽蓄电站实行标杆容量电价，电量电价主要弥补抽蓄电站抽发电损耗等变动成本，电价水平按当地燃煤机组标杆上网电价（含脱硫、脱硝、除尘等环保电价）执行。抽水电量电价按燃煤机组标杆上网电价的75%执行。

2021年5月，国家发展改革委印发《关于进一步完善抽水蓄能价格形成机制的意见》（发改价格〔2021〕633号），明确以竞争性方式形成电量电价，将容量电价纳入输配电价回收，电站经营期按40年核定，经营期内资本金内部收益率按6.5%核定。同时强化与电力市场建设发展的衔接，逐步推动抽水蓄能电站进入市场。

2023年5月，国家发展改革委印发《关于第三监管周期省级电网输配电价及有关事项的通知》（发改价格〔2023〕526号），明确落实工商业用户用电价格中的系统运行费用包括辅助服务费用、抽水蓄能容量电费等。与输配电价核价周期保持衔接，在核定省级电网输配电价时，同时核定未来3年新投产抽水蓄能电站容量电费，再次确认了容量电费的疏导回收机制。

2023年5月，国家发展改革委印发《关于抽水蓄能电站容量电价及有关事项的通知》（发改价格〔2023〕533号），公布了在运及2025年底前拟投运的48座抽水蓄能电站容量电价，对发改价格〔2021〕633号文要求做出了具体落实，在抽水蓄能电站产业发展过程中具有里程碑意义，发挥了良好的示范作用。

第五节　虚拟电厂价格机制

虚拟电厂可理解为利用先进的信息通信与控制技术，对分布式电源、可控负荷、储能、电动汽车等各类分散资源进行有效聚合和协调优化，形成一个特殊的电厂，对外作为一个整体，参与电力市场、接受电网调度。在 2021 年年底，国家能源局在印发的新版"两个细则"中明确，将虚拟电厂纳入负荷侧主体，成为支撑电网平衡的重要基础之一。

一、国家政策

2015 年 7 月，国家发展改革委、国家能源局印发《关于促进智能电网发展的指导意见》（发改运行〔2015〕1518 号），明确依托示范工程开展电动汽车智能充电服务、可再生能源发电与储能协调运行、智能用电一站式服务、虚拟电厂等重点领域的商业模式创新。

2021 年 3 月，国家发展改革委、国家能源局印发《关于推进电力源网荷储一体化和多能互补发展的指导意见》（发改能源规〔2021〕280 号），明确充分发挥负荷侧的调节能力，依托"云大物移智链"等技术，进一步加强源网荷储多向互动，通过虚拟电厂等一体化聚合模式，参与电力中长期、辅助服务、现货等市场交易，为系统提供调节支撑能力。

2021 年 7 月，国家发展改革委、国家能源局印发《关于加快推动新型储能发展的指导意见》（发改能源规〔2021〕1051 号），鼓励聚合利用不间断电源、电动汽车、用户侧储能等分散式储能设施，依托大数据、云计算、人工智能、区块链等技术，结合体制机制综合创新，探索智慧能源、虚拟电厂等多种商业模式。

2022 年 1 月 18 日，国家发展改革委、国家能源局印发《关于加快建设全国统一电力市场体系的指导意见》（发改体改〔2022〕118 号），明确引导用户侧可调负荷资源、储能、分布式能源、新能源汽车等新型市场主体参与市场交易，充分激发和释放用户侧灵活调节能力。

2022 年 1 月 29 日，国家发展改革委、国家能源局印发《"十四五"现代能源体系规划》（发改能源〔2022〕210 号），明确开展工业可调节负荷、楼宇空调负荷、大数据中心负荷、用户侧储能新能源汽车与电网（V2G）能量互动等各类资源聚合的虚拟电厂示范。

2022 年 1 月 30 日，国家发展改革委、国家能源局印发《关于完善能源绿色低碳转型体制机制和政策措施的意见》（发改能源〔2022〕206

号），明确拓宽电力需求响应实施范围，通过多种方式挖掘各类需求侧资源并组织其参与需求响应，支持用户侧储能、电动汽车充电设施、分布式发电等用户侧可调节资源，以及负荷聚合商、虚拟电厂运营商、综合能源服务商等参与电力市场交易和系统运行调节。

2022 年 3 月，国家发展改革委、国家能源局印发《"十四五"现代能源体系规划》（发改能源〔2022〕210 号），明确丰富辅助服务交易品种，推动储能设施、虚拟电厂、用户可中断负荷等灵活性资源参与辅助服务。

2022 年 11 月，国家能源局印发《电力现货市场基本规则（征求意见稿）》（发改体改〔2022〕118 号），明确推动储能、分布式发电、负荷聚合商、虚拟电厂和新能源微电网等新兴市场主体参与交易。

二、各省政策

（一）山西

2022 年 6 月，山西省能源局发布《虚拟电厂建设与运营管理实施方案》（晋能源规〔2022〕1 号），按照虚拟电厂聚合优化的资源类别不同，将虚拟电厂分为"负荷类"虚拟电厂和"一体化"虚拟电厂两类，充分发挥电力现货市场分时价格的信号作用，引导发电、用电、储能侧资源通过虚拟电厂方式积极参与电力平衡，激发市场对虚拟电厂研发、建设、运营的投入和创新动力。

（二）山东

2022 年 6 月，山东省能监办、山东省发展改革委、山东省能源局发布《关于进一步做好 2022 年下半年山东省电力现货市场结算试运行工作有关事项的通知》（鲁监能市场〔2022〕34 号），提出虚拟电厂可作为独立市场主体参与市场交易，根据市场价格信号主动参与削峰填谷，提高电力系统稳定性和灵活调节能力。

（三）深圳

2022年8月，国内首家虚拟电厂管理中心在深圳挂牌成立。该中心负责虚拟电厂管理平台的建设和日常运行维护，并建立虚拟电厂日常运行的管理制度，组织开展虚拟电厂用户注册、资源接入、调试管理、调度运行、响应监测和效果评估等工作。同时，深圳市发展改革委还明确，加快推动分布式光伏、用户侧储能、V2G等分布式能源接入虚拟电厂集中管理等工作。2023年4月，深圳市发展改革委发布《关于公开征求〈深圳市支持虚拟电厂加快发展的若干措施（征求意见稿）〉意见的通告》，鼓励资源聚合商建设资源聚合平台并接入深圳虚拟电厂管理中心参与电网调控，对符合条件的企业，参照软硬件实际投资给予最高不超过100万元的支持。推动分布式资源参与各类电力市场交易，参考广东省市场化需求响应支持力度给予补贴。

附录　电价相关表格

表 1　我国各地区燃煤标杆电价　　　单位：元/千瓦时

电网	区域电网	序号	省（区、市）	燃煤标杆 （含脱硫、脱硝和除尘）
国家电网	华北电网	1	北京	0.3598
		2	天津	0.3655
		3	冀北	0.3720
		4	冀南	0.3644
		5	山西	0.3320
		6	山东	0.3949
	华中电网	7	河南	0.3779
		8	湖北	0.4161
		9	湖南	0.4500
		10	四川	0.4012
		11	重庆	0.3964
		12	江西	0.4143
	华东电网	13	江苏	0.3910
		14	上海	0.4155
		15	浙江	0.4153
		16	安徽	0.3844
		17	福建	0.3932

（续表）

电网	区域电网	序号	省（区、市）	燃煤标杆 （含脱硫、脱硝和除尘）
国家电网	东北电网	18	黑龙江	0.3740
		19	吉林	0.3731
		20	蒙东	0.3035
		21	辽宁	0.3749
	西北电网	22	陕西	0.3545
		23	甘肃	0.2978
		24	宁夏	0.2595
		25	青海	0.3247
		26	新疆	0.2500
南方电网		27	广东	0.4530
		28	广西	0.4207
		29	贵州	0.3515
		30	海南	0.4298
		31	云南	0.3358
蒙西电网		32	蒙西	0.2829

注：数据来源于各省（市、区）燃煤标杆电价公布文件。

表 2　第三监管周期省级电网输配电价核定情况（电量电价）

电网	区域电网	序号	省（区、市）	单一制电量电价（元/千瓦时）					两部制电量电价（元/千瓦时）				
				不满1千伏	1~10千伏	35千伏	110千伏	220千伏	不满1千伏	1~10千伏	35千伏	110千伏	220千伏
国家电网	华北电网	1	北京	0.41	0.39	0.32	0.32	0.275		0.2065	0.166	0.166	0.151
		2	天津	0.2839	0.251	0.1866	0.1536	0.1316	0.2158	0.1687	0.1456	0.1316	0.1102
		3	冀北	0.1602	0.1442	0.1282				0.1292	0.1132	0.0972	0.0912
		4	河北	0.195	0.175	0.155				0.1533	0.1333	0.1133	0.0933
		5	山西	0.1456	0.1256	0.1106				0.104	0.074	0.049	0.029
		6	山东	0.2219	0.2069	0.1919				0.1491	0.1341	0.1191	0.1041
	华中电网	7	河南	0.1955	0.168	0.1412	0.1145			0.168	0.1456	0.121	0.103
		8	湖北	0.2103	0.1903	0.1703				0.1263	0.1065	0.0884	0.0694
		9	湖南	0.2558	0.2358	0.2158	0.1958			0.1694	0.1394	0.1104	0.0852
		10	四川	0.256	0.2296	0.1989				0.139	0.1092	0.0669	0.0478
		11	重庆	0.2321	0.2121	0.1922	0.1774			0.1529	0.1271	0.1078	0.0885
	华东电网	12	江西	0.1766	0.1616	0.1466				0.1505	0.1355	0.1205	0.1105
		13	江苏	0.2394	0.2134	0.1884				0.1357	0.1107	0.0857	0.0597
		14	上海　一般工商业	0.2756	0.2305	0.1859			0.1456	0.1272	0.0956	0.0652	0.0551
			上海　大工业						0.2234	0.2039	0.1547	0.1251	0.1127

（续表）

电网	区域电网	省（区、市）	序号	单一制电量电价（元/千瓦时）					两部制电量电价（元/千瓦时）				
				不满1千伏	1~10千伏	35千伏	110千伏	220千伏	不满1千伏	1~10千伏	35千伏	110千伏	220千伏
国家电网	华东电网	浙江	15	0.2452	0.2144	0.177				0.126	0.0955	0.0791	0.0688
		安徽	16	0.1814	0.1614	0.1414				0.1428	0.1175	0.0924	0.0673
		福建	17	0.1833	0.1633	0.1433	0.1233			0.1292	0.1092	0.0842	0.0592
	东北	黑龙江	18	0.2828	0.2726	0.2615	0.241	0.1033		0.1358	0.1144	0.1016	0.0753
		吉林	19	0.2864						0.1497	0.1413	0.1197	0.1097
		蒙东	20	0.3732	0.3361	0.2504				0.1483		0.1019	0.0789
		辽宁	21	0.2297	0.2085		0.1875			0.1024	0.1031	0.0838	0.0571
	西北电网	陕西	22	0.2215	0.2015	0.1815	0.1565			0.1231		0.0831	0.0731
		甘肃	23	0.2965	0.2765	0.2565				0.1028	0.0888	0.0764	0.0658
		宁夏	24	0.1846	0.1646	0.1446				0.092	0.0769	0.06	0.0521
		青海	25	0.1858	0.1807	0.1756				0.0834	0.0779	0.0677	0.0577
		新疆	26	0.1636	0.1606	0.1566				0.1204	0.11	0.0815	0.0486
南方电网		广东	27	0.1965	0.1719	0.1719	0.1296			0.0985	0.0734	0.0734	0.0457
		广西	28	0.2589	0.2462	0.2264				0.1476	0.1054	0.0777	0.0288
		贵州	29	0.2186	0.2062	0.1805				0.128	0.1143	0.0777	0.0529
		海南	30	0.2592	0.2361					0.135	0.0815	0.0798	0.07
		云南	31	0.162	0.152	0.142				0.1296	0.1045	0.0749	0.0555
蒙西电网		蒙西	32	0.1561	0.1289	0.1139				0.0795	0.0645	0.0525	0.0455

注：数据来源于《关于第三监管周期省级电网输配电价及有关事项的通知》（发改价格〔2023〕526号）。

表3 第三监管周期省级电网输配电价核定情况（容量电价）

电网	区域电网	序号	省（区，市）	容（需）量电价							
				需量电价（元/千瓦·月）				容量电价（元/千伏安·月）			
				1~10千伏	35千伏	110千伏	220千伏	1~10千伏	35千伏	110千伏	220千伏
国家电网	华北电网	1	北京	51	48	48	45	32	30	30	28
		2	天津	41.6	38.4	38.4	35.2	26	24	24	22
		3	冀北	37.3	37.3	34.6	34.6	23.3	23.3	21.6	21.6
		4	河北	35	35	32	32	21.9	21.9	20	20
		5	山西	36	36	33.6	33.6	22.5	22.5	21	21
		6	山东	38.4	35.2	35.2	32	24	22	22	20
	华中电网	7	河南	40	36.9	33.7	30.5	25	23	21	19
		8	湖北	42	42	39	39	26.3	26.3	24.4	24.4
		9	湖南	33.8	33.8	30.6	30.6	21.1	21.1	19.1	19.1
		10	四川	35	32	27	24	22	20	17	15
		11	重庆	35.2	35.2	32	32	22	22	20	20
		12	江西	42.3	40.6	39.1	37.5	26.4	25.4	24.4	23.4
	华东电网	13	江苏	51.2	48	44.8	41.6	32	30	28	26
		14	上海	40.8	40.8	38.4	38.4	25.5	25.5	24	24
		15	浙江	48	44.8	41.6	38.3	30	28	26	24
		16	安徽	48	45.6	44	40.8	30	28.5	27.5	25.5
		17	福建	40	39	38	37	25	24.4	23.8	23.1

（续表）

电网	区域电网	序号	省（区、市）	容（需）量电价							
				需量电价（元/千瓦·月）				容量电价（元/千伏安·月）			
				1~10千伏	35千伏	110千伏	220千伏	1~10千伏	35千伏	110千伏	220千伏
国家电网	东北电网	18	黑龙江	36.8	36.8	35.2	35.2	23	23	22	22
		19	吉林	36.8		35.2	35.2	23		22	22
		20	蒙东	32.8	32.8	31.2	31.2	20.5	20.5	19.5	19.5
		21	辽宁	36.8	35.2	35.2	33.6	23	20.5	22	21
	西北电网	22	陕西	35.2	35.2	32	32	22	22	20	20
		23	甘肃	38.4	36.8	32.8	32.8	24	23	20.5	20.5
		24	宁夏	28.8	28.8	25.6	25.6	18	18	16	16
		25	青海	33.6	33.6	32	32	21	21	20	20
		26	新疆	32	32	30.4	30.4	20	20	19	19
南方电网		27	广东	36.1	31	31	26.1	22.6	19.4	19.4	16.3
		28	广西	38.7	37.3	34.2	32	24.2	23.3	21.4	20
		29	贵州	35	33	31	30	22	21	20	19
		30	海南	35.2	35.2	35.2	35.2	22	22	22	22
		31	云南	38.4	38.4	36.8	36.8	24	24	23	23
蒙西电网		32	蒙西	32.8	32.8	31.2	31.2	20.5	20.5	19.5	19.5

注：数据来源于《关于第三监管周期省级电网输配电价及有关事项的通知》（发改价格〔2023〕526号）。

表 4　第三监管周期抽水蓄能电站容量电价

序号	电站名称	所在省份	装机容量（万千瓦）	容量电价（元/千瓦）
		已投运		
1	沙河	江苏	10	699.78
2	琼中	海南	60	648.76
3	西龙池	山西	120	463.81
4	天堂	湖北	7	722.43
5	宝泉	河南	120	417.43
6	张河湾	河北	100	476.13
7	黑麋峰	湖南	120	376.30
8	溧阳	江苏	150	576.04
9	响水涧	安徽	100	459.92
10	宜兴	江苏	100	491.22
11	呼和浩特	内蒙古	120	567.83
12	蒲石河	辽宁	120	475.42
13	琅琊山	安徽	60	453.30
14	桐柏	浙江	120	341.76
15	潘家口	河北	27	289.73
16	仙居	浙江	150	370.91
17	洪屏	江西	120	454.99

（续表）

序号	电站名称	所在省份	装机容量（万千瓦）	容量电价（元/千瓦）
18	清远	广东	128	409.57
19	白莲河	湖北	120	321.34
20	天荒坪	浙江	180	417.17
21	广蓄二期	广东	120	338.34
22	仙游	福建	120	405.40
23	惠州	广东	240	324.24
24	泰安	山东	100	347.99
25	响洪甸	安徽	8	823.34
26	深圳	广东	120	414.88
27	十三陵	北京	80	496.15
28	回龙	河南	12	585.20
29	白山	吉林	30	456.06
30	溪口	浙江	8	561.61
31	绩溪	安徽	180	391.80
32	丰宁一期	河北	180	547.07
	丰宁二期		180	510.94

新投运

（续表）

序号	电站名称	所在省份	装机容量（万千瓦）	容量电价（元/千瓦）
33	沂蒙	山东	120	608.00
34	文登	山东	180	471.18
35	金寨	安徽	120	616.01
36	长龙山	浙江	210	499.96
37	厦门	福建	140	612.65
38	永泰	福建	120	551.21
39	周宁	福建	120	548.11
40	天池	河南	120	556.94
41	荒沟	黑龙江	120	478.74
42	敦化	吉林	140	550.80
43	清原	辽宁	180	599.66
44	蟠龙	重庆	120	587.22
45	镇安	陕西	140	625.85
46	阜康	新疆	120	690.36
47	梅州一期	广东	120	595.36
48	阳江一期	广东	120	643.98

注：1. 河北岗南混合抽水蓄能电站维持现批复电价到电站运营终止，表中容量电价含增值税。

2. 数据来源于《国家发展改革委关于抽水蓄能电站容量电价及有关事项的通知》（发改价格〔2023〕533号）。

表 5　第三监管周期区域电网输电价格

单位：元/千瓦时

区域	电量电价	单位	容量电价	
				水平
华北	0.0082	北京		0.0190
		天津		0.0137
		冀北		0.0058
		河北		0.0060
		山西		0.0026
		山东		0.0036
华东	0.0075	上海		0.0063
		江苏		0.0036
		浙江		0.0038
		安徽		0.0052
		福建		0.0024
华中	0.0222	湖北		0.0032
		湖南		0.0030

（续表）

区域	电量电价	容量电价		
		单位	河南	水平
			河南	0.0023
华中	0.0222		江西	0.0029
			四川	0.0020
			重庆	0.0049
			辽宁	0.0041
东北	0.0163		吉林	0.0043
			黑龙江	0.0039
			蒙东	0.0040
			陕西	0.0014
西北	0.0142		甘肃	0.0027
			青海	0.0014
			宁夏	0.0019
			新疆	0.0009

注：1. 表中电价含增值税，电量电价不含线损。

2. 数据来源于《国家发展改革委关于第三监管周期区域电网输电电价格及有关事项的通知》（发改价格〔2023〕532号）。

表 6 政府性基金及附加标准

单位：元/千瓦时

电网	区域电网	序号	省（区、市）	国家重大水利	大中型水库后扶持基金	可再生能源电价附加	合计
国家电网	华北电网	1	北京	0.0020	0.0062	0.019	0.0272
		2	天津	0.0020	0.0062	0.019	0.0272
		3	冀北	0.0020	0.0026	0.019	0.0236
		4	冀南	0.0020	0.0026	0.019	0.0236
		5	山西	0.0020	0.0024	0.019	0.0234
		6	山东	0.0020	0.0062	0.019	0.0272
		7	河南	0.0032	0.0062	0.019	0.0284
	华中电网	8	湖北		0.0062	0.019	0.0252
		9	湖南	0.0011	0.0062	0.019	0.0263
		10	四川	0.0020	0.0062	0.019	0.0272
		11	重庆	0.0020	0.0062	0.019	0.0272
		12	江西	0.0016	0.0062	0.019	0.0268
	华东电网	13	江苏	0.0042	0.0062	0.019	0.0294
		14	上海	0.0039	0.0062	0.019	0.0291
		15	浙江	0.0040	0.0062	0.019	0.0292
		16	安徽	0.0036	0.0062	0.019	0.0289

（续表）

电网	区域电网	序号	省（区、市）	国家重大水利	大中型水库后扶持基金	可再生能源电价附加	合计
国家电网	东北电网	17	福建	0.0020	0.0062	0.019	0.0272
		18	黑龙江	0.0011	0.0044	0.019	0.0245
		19	吉林	0.0012	0.0049	0.019	0.0251
		20	蒙东	0.0012	0.0023	0.019	0.0225
		21	辽宁	0.0011	0.0062	0.019	0.0263
	西北电网	22	陕西	0.0011	0.0062	0.019	0.0263
		23	甘肃	0.0011	0.0026	0.019	0.0227
		24	宁夏	0.0011	0.0012	0.019	0.0213
		25	青海	0.0011	0.0014	0.019	0.0215
		26	新疆		0.0021	0.002	0.0041
南方电网		27	广东	0.0020	0.0067	0.019	0.0277
		28	广西	0.0011	0.0062	0.019	0.0263
		29	贵州	0.0011	0.0047	0.019	0.0248
		30	海南	0.0011	0.0062	0.019	0.0263
		31	云南	0.0011	0.0038	0.019	0.0239

注：数据来源于各省（区、市）公布的多个价格文件。

表7 我国四类风能资源区划分情况

资源区	各资源区所包含的地区
Ⅰ类资源区	内蒙古自治区除赤峰市、通辽市、兴安盟、呼伦贝尔市以外的其他地区；新疆维吾尔自治区乌鲁木齐市、伊犁哈萨克族自治州、昌吉回族自治州、克拉玛依市、石河子市
Ⅱ类资源区	河北省张家口市、承德市；内蒙古自治区赤峰市、通辽市、兴安盟、呼伦贝尔市；甘肃省张掖市、嘉峪关市、酒泉市
Ⅲ类资源区	吉林省白城市、松原市；黑龙江省鸡西市、双鸭山市、七台河市、绥化市、伊春市、大兴安岭地区；甘肃省除张掖市、嘉峪关市、酒泉市以外的其他地区；新疆维吾尔自治区除乌鲁木齐市、伊犁哈萨克族自治州、昌吉回族自治州、克拉玛依市、石河子市以外的其他地区；宁夏回族自治区
Ⅳ类资源区	除前三类资源区以外的其他地区

注：数据来源于《国家发展改革委关于完善风力发电上网电价政策的通知》（发改价格〔2009〕1906号）。

表8 我国三类光伏资源区划分情况

资源区	各资源区所包含的地区
Ⅰ类资源区	宁夏，青海海西，甘肃嘉峪关、武威、张掖、酒泉、敦煌、金昌，新疆哈密、塔城、阿勒泰、克拉玛依，内蒙古除赤峰、通辽、兴安盟、呼伦贝尔以外地区
Ⅱ类资源区	北京，天津，黑龙江，吉林，辽宁，四川，云南，内蒙古赤峰、通辽、兴安盟、呼伦贝尔，河北承德、张家口、唐山、秦皇岛，山西大同、朔州、忻州，陕西榆林、延安，青海、甘肃、新疆除Ⅰ类外其他地区
Ⅲ类资源区	除Ⅰ类、Ⅱ类资源区以外的其他地区

注：数据来源于《国家发展改革委关于发挥价格杠杆作用促进光伏产业健康发展的通知》（发改价格〔2013〕1638号）。

表9 全国风电重点地区保障性收购利用小时数

省（自治区）	资源区	地区	保障性收购利用小时数
内蒙古	Ⅰ类	除赤峰、通辽、兴安盟、呼伦贝尔以外其他地区	2000
	Ⅱ类	赤峰、通辽、兴安盟、呼伦贝尔	1900

（续表）

省（自治区）	资源区	地区	保障性收购利用小时数
新疆	Ⅰ类	乌鲁木齐、伊犁哈萨克族自治州、克拉玛依、石河子	1900
	Ⅲ类	除Ⅰ类外其他地区	1800
甘肃	Ⅱ类	嘉峪关、酒泉	1800
	Ⅲ类	除Ⅱ类外其他地区	1800
宁夏	Ⅲ类	宁夏全区	1850
黑龙江	Ⅲ类	鸡西市、双鸭山市、七台河市、绥化市、伊春市、大兴安岭地区	1900
	Ⅳ类	除Ⅲ类外其他地区	1850
吉林	Ⅲ类	白城市、松原市	1800
	Ⅳ类	除Ⅲ类外其他地区	1800
辽宁	Ⅳ类	辽宁全省	1850
河北	Ⅱ类	张家口市	1900
山西	Ⅳ类	忻州市、朔州市、大同市	1900

注：1. 数据来源于《国家发展改革委国家能源局关于做好风电、光伏发电全额保障性收购管理工作的通知》（发改能源〔2016〕1150号）。

2. 河北保障性收购利用小时数2016年为2000小时，自2017年起调整为1900小时。

表10 全国光伏重点地区保障性收购利用小时数

省（自治区）	资源区	地区	保障性收购利用小时数
内蒙古	Ⅰ类	除赤峰、通辽、兴安盟、呼伦贝尔以外其他地区	1500
	Ⅱ类	赤峰、通辽、兴安盟、呼伦贝尔	1400
新疆	Ⅰ类	哈密、塔城、阿勒泰、克拉玛依	1500
	Ⅲ类	除Ⅰ类外其他地区	1350
甘肃	Ⅰ类	嘉峪关、武威、张掖、酒泉、敦煌、金昌	1500
	Ⅱ类	除Ⅰ类外其他地区	1800
青海	Ⅰ类	海西	1500
	Ⅱ类	除Ⅰ类外其他地区	1450
宁夏	Ⅲ类	宁夏全区	1500

（续表）

省 （自治区）	资源区	地区	保障性收购 利用小时数
陕西	Ⅱ类	榆林、延安	1300
黑龙江	Ⅱ类	黑龙江全省	1300
吉林	Ⅱ类	吉林全省	1300
辽宁	Ⅱ类	辽宁全省	1300
河北	Ⅱ类	承德、张家口、唐山、秦皇岛	1400

注：数据来源于《国家发展改革委国家能源局关于做好风电、光伏发电全额保障性收购管理工作的通知》（发改能源〔2016〕1150号）。

表 11　各类项目全生命周期合理利用小时数

项目类型	资源区	全生命周期合理利用小时数
陆上风电	Ⅰ类资源区	48000
	Ⅱ类资源区	44000
	Ⅲ类资源区	40000
	Ⅳ类资源区	36000
海上风电		52000
光伏发电	Ⅰ类资源区	32000
	Ⅱ类资源区	26000
	Ⅲ类资源区	22000
光伏领跑者项目、2019年竞价项目、 2020年竞价项目		在所在资源区小时数 基础上增加10%
生物质发电项目		82500

注：数据来源于《关于〈关于促进非水可再生能源发电健康发展的若干意见〉有关事项的补充通知》（财建〔2020〕426号）。

图书在版编目(CIP)数据

电价精益管理知识．安徽卷/国网安徽省电力有限公司编．--合肥：
合肥工业大学出版社,2024. — ISBN 978 - 7 - 5650 - 6732 - 7

Ⅰ.F426.61

中国国家版本馆 CIP 数据核字第 2024NG1672 号

电价精益管理知识

（安徽卷）

国网安徽省电力有限公司　编　　　　　责任编辑　张　慧

出　版	合肥工业大学出版社	版　次	2024 年 10 月第 1 版
地　址	合肥市屯溪路 193 号	印　次	2024 年 10 月第 1 次印刷
邮　编	230009	开　本	710 毫米×1010 毫米　1/16
电　话	人文社科出版中心:0551 - 62903205	印　张	7.75
	营销与储运管理中心:0551 - 62903198	字　数	108 千字
网　址	press. hfut. edu. cn	印　刷	安徽联众印刷有限公司
E-mail	hfutpress@163.com	发　行	全国新华书店

ISBN 978 - 7 - 5650 - 6732 - 7　　　　　　　　　　定价：38.00 元

如果有影响阅读的印装质量问题,请与出版社营销与储运管理中心联系调换